십자가 사랑과
부활설교

십자가 사랑과
부활설교

배 창 돈 지음

배창돈 설교시리즈 3

십자가 사랑과 **부활설교**

- **저　자**　배 창 돈
- **1판 1쇄 인쇄일**　2011년 4월 11일
- **1판 1쇄 발행일**　2011년 4월 20일
  - **발 행 처**　도서출판 예루살렘
  - **발 행 인**　조 현 숙
  - **등록번호**　제16-75호
  - **등록일자**　1980. 5. 24
  - **주　　소**　서울 강남구 논현동 107-38 남광빌딩
  - **대표전화**　(02)545-0040, 546-8332, 514-5978(영업부)
  - **팩　　스**　(02)545-8493
  - **E-mail**　jerubook@naver.com

- **기　　획**　정 용 한
- **편　　집**　김 대 훈
- **영　　업**　오 승 한

값 **12,000원**
ISBN 978-89-7210-520-6　03230

배창돈 설교시리즈 3

십자가 사랑과 부활설교

배창돈 지음

십자가의 사랑과 부활의 감격을 가진 자가 세상을 이긴다.
고난주간의 십자가 사랑과 부활절의 부활소망을 담은 순수 복음메시지이다.

머리말

오랫동안 신앙생활을 하다보면 주님의 사랑에 대해 무감각해질 수 있습니다. 그리스도인들이 매일 확인해야 할 사랑이 십자가의 사랑입니다. 매년 맞이하는 고난주간에만 잠깐 생각해서는 안 되는 너무나 고귀한 주님의 크신 사랑인 것입니다.

죽음을 보지 않고 하늘나라로 간 에녹이 하나님으로부터 특별하게 인정받은 것이 도대체 무엇인가를 생각해 보았습니다. 특별하게 두드러진 것이 없어 보이기 때문입니다. 그것은 바로 하나님과 동행했기 때문이었습니다.

하나님을 향해 한결같았던 에녹을 보시면서 하나님께서 감동하셨을 것입니다.

『므두셀라를 낳은 후 삼백 년을 하나님과 동행하며 자녀들을 낳았으며 그는 삼백육십오 세를 살았더라 에녹이 하나님과 동행하더니 하나님이 그를 데려가시므로 세상에 있지 아니하였더라』(창 5:22-24)

에녹이 살던 시대와 지금 우리가 사는 시대는 큰 차이가 없을 것입니다. 온통 죄로 오염된 시대에 살면서도 믿음의 사람의 모델이 되었던 에녹처럼 살려면 바로 하나님과 동행하며 살면 될 것입니다.

에녹처럼 하나님과 동행하며 살기 위해서 가장 필요한 것은 십자가의 사랑과 부활에 대한 소망을 가지고 사는 것입니다. 십자가의 사랑과 부활의 감격은 자신의 신앙을 지킬 뿐 아니라 세상을 변화시키는 영향력 있는 그리스도인이 되도록 하기 때문입니다.

고난주간과 부활절에 설교한 내용을 모아 '십자가 사랑과 부활설교'를 내놓으려고 하니 본문이 중복되는 부분도 있고, 부족한 부분이 많음을 느낍니다. 그러나 현명한 독자들이 부족한 것까지도 잘 소화하면, 도움이 될 것으로 믿고 책으로 발간하게 되었습니다.

이 책을 통해 십자가의 사랑과 부활의 감격을 회복하는데 조금이나마 도움이 되기를 바라며 오직 하나님께서 영광을 받으시길 바랄 뿐입니다.

평택에서
배 창 돈 목사

목차

머리말 6

십자가

- 복음과 고난 (행 4:5~12) 13
- 가야바와 공회 앞에서 당하신 예수님의 고난 (마 26:57~68) ... 23
- 생애 가장 행복한 하루 (눅 23:39~43) 31
- 고난 속에 만난 사람 (눅 26:26~38) 43
- 예수님의 기도 습관 (눅 22:39~53) 57
- 잠에서 덜 깬 세 사람 (마 26:31~46) 65
- 예수님의 예루살렘 입성 (마 21:1~11) 77
- 겟세마네 기도 (눅 22:39~46) 91
- 십자가의 은혜를 품고 (눅 23:33~43) 99
- 죄와 용서 (벧전 2:22~25) 113
- 너무나 비싼 대가 (벧전 2:24) 125
- 십자가 의식 (사 53:1~6) 139
- 십자가 위에서의 사역 (눅 23:32~43) 153

부 활

- 예수님의 부활 (고전 15:12~20) ········· 167
- 살아계신 주님을 만나자 (막 16:1~11) ········· 177
- 부활은 능력이다 (살전 4:13~18) ········· 187
- 부활의 실상 (요 11:17~27) ········· 197
- 일곱 남편을 가진 아내의 죽음 이후 (눅 20:27~40) ········· 205
- 부활 신앙 (눅 24:1~12) ········· 217
- 부활의 감격 (요 11:17~44) ········· 228
- 부활 신앙을 가진 자의 삶 (고전 15:20~34) ········· 241
- 역사상 최고의 사실 (요 11:17~27) ········· 251
- 구원 받은 강도의 부활 신앙 (눅 23:39~43) ········· 263
- 부활의 축복 (고전 15:12~20) ········· 271
- 부활이 주는 의미 (고전 15:11~15) ········· 285
- 예수님을 사랑한 사람들 (막 16:1~8) ········· 295
- 부활을 믿는 자의 삶 (마 28:1~10) ········· 305
- 부활이 주는 신비 (눅 24:1~12) ········· 311

십자가 사랑과
부활설교

복음과 고난

사도행전 4:5~12

5 이튿날 관리들과 장로들과 서기관들이 예루살렘에 모였는데
6 대제사장 안나스와 가야바와 요한과 알렉산더와 및 대제사장의 문중이 다 참여하여
7 사도들을 가운데 세우고 묻되 너희가 무슨 권세와 누구의 이름으로 이 일을 행하였느냐
8 이에 베드로가 성령이 충만하여 이르되 백성의 관리들과 장로들아
9 만일 병자에게 행한 착한 일에 대하여 이 사람이 어떻게 구원을 받았느냐고 오늘 우리에게 질문한다면
10 너희와 모든 이스라엘 백성들은 알라 너희가 십자가에 못 박고 하나님이 죽은 자 가운데서 살리신 나사렛 예수 그리스도의 이름으로 이 사람이 건강하게 되어 너희 앞에 섰느니라
11 이 예수는 너희 건축자들의 버린 돌로서 집 모퉁이의 머릿돌이 되었느니라
12 다른 이로써는 구원을 받을 수 없나니 천하 사람 중에 구원을 받을 만한 다른 이름을 우리에게 주신 일이 없음이라 하였더라

복음과 고난

예수님 때문에 고난당하는 사도들

예루살렘의 모든 실력자들이 다 모였습니다. 산헤드린 공의회에서 지금 심문을 받고 있습니다. 베드로와 요한이 지금 고난을 당하고 있습니다. 복음은 고난과 함께 전파되었습니다.

그들의 모습은 당당합니다. 행복한 사람의 모습입니다. 전혀 두려워하거나 자신들의 모습을 부끄럽게 생각하지 않습니다. 이런 모습을 보면 행복이란 환경이나 소유가 아님을 알 수 있습니다. 믿음입니다. 믿음을 가진 자는 확신을 가지고 있습니다. 믿음을 가진 자는 행복한 자입니다. 이 믿음을 사랑에 대한 확신이라고 바꾸어 말할 수 있을 것입니다. 사랑 받고 있는 자는 행복합니다. 하나님의 사랑을 받고 사는 자는 행복합니다. 진정한 사랑을 받고 있다는 확신이 설 때 그때 비로소 행복감에 빠질 수 있습니다.

예수님을 자신있게 소개하는 베드로

"병자에게 행한 착한 일에 대하여"(8절)
그 당시 사람들에게 앉은뱅이가 일어났다는 것은 충격이었습니다. 그 일에 대해 소개하고 있습니다. 이 사건은 좋은 사건이요, 충격적인 사건이었습니다. 예루살렘을 소동하도록 한 사건이었습니다. 이 놀라운 사건에 대해 분명하고 확실하게 말하고 있습니다.
예수님은 눈에 보이게 행하시는 분입니다.
"이 사람이 어떻게 구원을 받았느냐고 오늘 우리에게 질문한다면"(9절) 여러분에게 누가 이런 질문을 한다면 어떻게 하시겠습니까? 베드로처럼 자신있게 소개할 수 있습니까?
앉은뱅이가 어떻게 구원을 받았느냐고 의심하는 권세자들 앞에서 당당한 베드로의 모습은 그가 얼마나 예수님에 대해 확신을 가지고 있었는가를 알 수 있습니다.
신앙생활은 바로 예수님에 대한 확신입니다. 믿음을 가지는 순간 예수님에 대한 확신을 가지고 사는 것입니다. 이 모습은 바로 오늘 우리가 가져야 할 모습인 것입니다.

모든 사람에게 선포되어야 할 예수(10절)

그들은 담대하게 복음을 전하고 있습니다. 목숨을 걸고 전도하고 있는 것입니다. 복음을 전하는 것이 그만큼 가치있는 것입니까? 생명을 잃을지도 모르는데 권력 앞에서도 굴하지 않고 당당하게 전도하고 있는 것입니다. 그들이 전하는 예수 그리스도의 가치를 깊이 인식하는 시간이 되기를 바랍니다.

"너희와 모든 이스라엘 백성들은 알라"(10절)

모든 사람에게 선포되어야 할 분임을 당당하게 밝히고 있습니다. 앉은뱅이를 정상인으로 만든 예수 그리스도는 일시적으로 나타나서 사람들의 마음을 미혹시키는 분이 아니라는 것입니다. 이시간 예수님이 어떤 분인가를 확실히 알고 믿는 시간이 되기를 바랍니다.

십자가에 못박히심(10절)

예수님의 십자가는 엄청난 고통이셨습니다. 못이 살과 뼈 그리고 혈관을 뚫고 들어갔는데 얼마나 심한 고통이었겠습니까? 그 고통은 바로 죄인을 위해 십자가에 돌아가신 것입니다. 자신을 위해 죽으신 것이 아니라 죄 많은 인간을 위해 제물이 되신 것입니다. 죄를 대신 짊어지고 골고다 언덕을 향해 걸어가시던 예수님은 너무나 힘이 들어서 가시다가 쓰러지고 비틀거리며 일어나고 다시 쓰러졌습니다. 머리로부터 흐르는 피는 예수님의 얼굴을 덮었고 나중에는 온 몸이 땀과 함께 뒤범벅이 되었을 것입니다. 십자가를 바라볼 때마다 우리는 주님의 무조건적인 사랑을 생각해야 합니다. 하나님이 인간으로 오셔서 모든 죄를 다 짊어지신 사랑을 어떻게 말로서 표현할 수 있겠습니까?

예수님의 십자가는 우리에게는 죄로부터 자유케 하는 면죄부였습니다. 죄인이 용서 받았을 때의 감격이 얼마나 대단하겠습니까? 십자가를 지시기까지 우리를 사랑하신 주님은 최고의 사랑으로 우리에게 표현하셨고 오늘도 그 표현을 우리에게 하고 계신 것입니다. 우리가 예수님을 믿는 순간 주님은 십자가를 지신 그 사랑으로 계속해서 변함없이 우리를 사랑하고 계심을 믿어야 합니다. 하나님께 나아갈 수 없었던 우리가 고난의 십자가로 인해 하나님께 나아갈 수 있게 된 것입니다.

하나님께서 죽은 자 가운데 살리심(10절)

죄값을 십자가에서 다 지불하신 예수님은 죽은지 삼일 만에 다시 부활하셨습니다. 다시 사신 예수님은 우리에게 다가오셔서 우리의 친구가 되시고, 우리의 신랑으로 오셔서 우리를 도우시는 것입니다. 예수님의 살아나심은 우리에게도 부활이 있다는 사실을 확증해 주신 대단히 감격적인 일인 것입니다.

나사렛 예수 그리스도의 이름(10절)

가장 위대한 이름입니다. 그 이름을 듣는 모든 만물은 굴복할 수밖에 없습니다. 귀신도 물러가고 죄인도 마음이 녹아지게 됩니다. 참으로 놀라운 이름이요 최고의 권세를 가지신 분이 바로 나사렛 예수 그리스도이신 것입니다.

예수 그리스도는 육신의 병을 고쳐 주십니다. 앉은뱅이는 모든 것을 포기한 사람입니다. 희망이 없는 사람입니다. 이런 사람이 예수님을 통해 치료함을 받게 된 것입니다. 예수님은 희망이십니다. 앉은뱅이가 예수님의 이름으로 걷게 된 것입니다.

예수 그리스도의 이름은 병든 마음을 회복시켜줍니다. 마음의 병이 얼마나 많은 세상입니까? 예수님을 만난 자는 한결같이 마음의 병으로부터 치유함을 받았습니다. 마음을 지키지 못하면 생명을 잃습니다. 마음이 얼마나 중요합니까? 마음의 병을 치료하기 위해서는 예수님께 나와야 합니다. 다섯 번 이혼하고 여섯 번째 남자를 만나 사는 사마리아 여자가 예수님을 만나서 한 말을 기억해야 합니다.

"내가 행한 모든 일을 내게 말한 사람을 와서 보라 이는 그리스도가 아니냐 하니"(요 4:29)

마음의 병을 치료받아야 삽니다. 마음의 병에서부터 온갖 더러움과 죄악 그리고 파멸이 다가오는 것입니다.

"모든 지킬 만한 것 중에 더욱 네 마음을 지키라 생명의 근원이

이에서 남이니라"(잠 4:23)

"내 마음의 근심이 많사오니 나를 고난에서 끌어내소서"(시 25:17)

"여호와여 나를 살피시고 시험하사 내 뜻과 내 양심을 단련하소서"(시 26:2)

예수 그리스도는 지금도 도우시는 분입니다(10절)

베드로의 "이 사람이 건강하게 되어 너희 앞에 서 있지 않느냐?"는 이 말씀처럼 오늘 현재 도우시는 분입니다. 예수님을 믿어야 합니다. 오늘 주님의 능력을 체험하게 될 것입니다. 믿음을 통해 오늘 나를 도우시고 치료하심을 맛볼 수 있는 것입니다. 예수님은 오늘 나를 도우시고 회복시켜 주신다는 사실을 믿으시기 바랍니다. 아직도 과거의 주님으로 생각하십니까? 당신이 예수님을 믿는 순간부터 계속해서 일하실 것입니다. 영원히 함께 하실 것입니다.

탈무드에 이런 이야기가 있습니다. 어떤 사람에게 친구가 셋 있는데 첫 번째 친구는 하루도 안 보면 안 될 것처럼 친한 친구였습니다. 둘째 친구는 보통 정도의 친구였습니다. 셋째 친구는 별로 친하지 않은 친구였습니다. 어느날 왕으로부터 호출이 왔습니다. 자신이 지은 죄가 많은 것 같은 생각 때문에 도무지 혼자서 왕 앞에 나갈 수가 없었습니다. 그래서 첫째 친구를 찾아 같이 가자고 했더니 매정하게 거절하였습니다. 둘째 친구는 같이 가기는 하되 궁궐 문 앞까지만 가겠다고 했습니다. 세 번째 친구는 기꺼이 같이 가 주겠다고 말하면서 "왕에게 가서 자네에게 아무런 죄가 없다고 말하겠네"라고 말했다고 합니다. 여기서 첫 번째 친구는 돈입니다. 돈은 죽으면 끝입니다. 함께 갈 수가 없습니다. 두 번째 친구는 가족과 친척입니다. 이들도 죽음 이후 장례식 날까지만 따라옵니다. 마지막 세 번째 친구는 사랑이라고 합니다. 이처럼 예수님의 사랑은 우리에게 영원히 함께 한다는 사실을 믿어야 합니다.

집 모퉁이의 머릿돌이 되심(11절)

사람들은 예수님을 한결같이 우습게 여겼습니다. 그래서 건축자들이 버린 쓸모없는 돌처럼 여겼습니다. 많은 사람들이 예수님을 우습게 여길 수도 있습니다. 그러나 반드시 알아야 합니다. 예수님은 인생을 건축 하는데 집 모퉁이의 머릿돌 같으신 분이라는 것입니다. 인생은 돈으로 건축하는 것이 아닙니다. 인간의 계획으로 건축하는 것도 아닙니다. 건축의 기초석인 예수님으로 건축된 인생이어야 가장 아름다운 집이 완성될 수 있습니다. 당신은 무엇으로 인생의 집을 짓고 있습니까?

가장 중요하신 분

집을 세울 때 집 모퉁이의 머릿돌은 가장 중요한 역할을 합니다. 건축자들에게는 쓸데없다고 버림받은 돌과 같이 예수께서는 유대인들에게 멸시 당하고 죽으셨으나 하나님께서 다시 살리사 자기 우편에 두시고, 권능과 영광을 홀로 차지하게 하셨으며 만민을 구원하는 기초로 삼았으니 집 모퉁이의 머릿돌이 되신 것입니다.

유일한 구원자(12절)

과연 누가 인생의 구원자입니까?

"다른 이로써는 구원을 받을 수 없나니 천하 사람 중에 구원을 받을 만한 다른 이름을 우리에게 주신 일이 없음이라 하였더라"(12절)

사람은 절대로 자신을 구원할 수 없습니다. 그 누구도 구원자가 될 수 없습니다. 예수님만이 구원자이십니다. 예수 그리스도만이 구원자이심을 확신하는 순간 하나님의 음성을 들을 수가 있습니다.

죄로부터의 구원

죄로부터의 구원은 인생 모든 문제로부터의 구원입니다. 얼마나 문제가 많습니까? 많은 문제 속에서 자살하는 사람, 정신 이상이 되는 사람, 가정이 깨어지는 사람, 그러나 예수님을 믿으면 이런 모든 문제로부터 자유할 수 있습니다.

죄로부터의 구원은 인생의 모든 짐으로부터의 구원입니다. 지금 여러분의 짐이 무거우십니까? 지쳐서 더 이상 걸을 수 없습니까? 그러면 예수님 앞에 나와 이 짐으로부터 자유함을 얻기를 바랍니다.

죄로부터의 구원은 두려움으로부터의 구원입니다. 또한 죽음으로부터의 구원입니다. 죽음은 인생이 해결할 수 없는 두려움입니다. 예수님은 이 죽음의 문제를 해결해 주셨습니다. 죽음은 끝이 아닙니다. 죽음 이후에는 부활이 있습니다. 그러므로 내세에 대한 불안으로부터 자유하게 됩니다.

예수님이 십자가에 돌아가신 것은 바로 우리의 모든 죄의 짐을 짊어지기 위함이셨습니다. 예수님의 십자가는 최고의 수치요 고난이었지만 우리에게는 죄로부터 용서받게 되는 영광이요 하나님의 자녀가 되는 기쁨이었습니다. 주님의 십자가를 생각하며 확신과 감사로 살아가는 여러분 되시기를 바랍니다.

가야바와 공회 앞에서 당하신
예수님의 고난

마태복음 26:57~68

57 예수를 잡은 자들이 그를 끌고 대제사장 가야바에게로 가니 거기 서기관과 장로들이 모여 있더라
58 베드로가 멀찍이 예수를 따라 대제사장의 집 뜰에까지 가서 그 결말을 보려고 안에 들어가 하인들과 함께 앉아 있더라
59 대제사장들과 온 공회가 예수를 죽이려고 그를 칠 거짓 증거를 찾으매
60 거짓 증인이 많이 왔으나 얻지 못하더니 후에 두 사람이 와서
61 이르되 이 사람의 말이 내가 하나님의 성전을 헐고 사흘 동안에 지을 수 있다 하더라 하니
62 대제사장이 일어서서 예수께 묻되 아무 대답도 없느냐 이 사람들이 너를 치는 증거가 어떠하냐 하되
63 예수께서 침묵하시거늘 대제사장이 이르되 내가 너로 살아 계신 하나님께 맹세하게 하노니 네가 하나님의 아들 그리스도인지 우리에게 말하라
64 예수께서 이르시되 네가 말하였느니라 그러나 내가 너희에게 이르노니 이 후에 인자가 권능의 우편에 앉아 있는 것과 하늘 구름을 타고 오는 것을 너희가 보리라 하시니
65 이에 대제사장이 자기 옷을 찢으며 이르되 그가 신성 모독 하는 말을 하였으니 어찌 더 증인을 요구하리요 보라 너희가 지금 이 신성 모독 하는 말을 들었도다
66 너희 생각은 어떠하냐 대답하여 이르되 그는 사형에 해당하니라 하고
67 이에 예수의 얼굴에 침 뱉으며 주먹으로 치고 어떤 사람은 손바닥으로 때리며
68 이르되 그리스도야 우리에게 선지자 노릇을 하라 너를 친 자가 누구냐 하더라

가야바와 공회 앞에서 당하신 예수님의 고난

대제사장 가야바에게 끌려가심(57~58절)

예수님이 처음 끌려 가신 곳은 대제사장 가야바 앞이었습니다. 그곳에는 당시의 권력자들이 모두 모여 있었습니다. 대제사장 가야바와 서기관(바리새인) 장로들이 모여 있었습니다. 이들은 예수님을 죽이려는 자들의 모임입니다. 예수님을 십자가에 못박는 일의 주동자들입니다.

거짓 증거를 찾음(59절)

거짓 증거를 찾아서라도 죄 없으신 예수님을 죽이기로 작정한 악인들의 모습입니다. 악인들일수록 증거를 찾는 일을 즐겨합니다. 하나님의 주권을 의지하는 자는 인간의 계략과 증거를 찾는 것보다 하나님께 맡기고 기도합니다. 하나님은 악인과 선인을 결국 갈라내시는 분이기 때문입니다.

거짓 증인이 많음(60절)

예수님이 무슨 죄가 있습니까? 그런데 증인들이 많았다고 합니다. 시대의 흐름에 쫓아가는 우유부단한 사람들의 모습입니다. 나 혼자라고 해도 하나님 편에 설 수 있는 사람이 필요합니다. 좁은 길로 가는 사람은 적습니다. 그러나 좁은 길로 가야만 합니다.

"좁은 문으로 들어가라 멸망으로 인도하는 문은 크고 그 길이 넓어 그리로 들어가는 자가 많고 생명으로 인도하는 문은 좁고 길이 협착하여 찾는 자가 적음이라"(마 7:13~14)

그들이 찾아낸 증거(60~61절)

죽이려고 작정하면 어떤 증거를 못 찾겠습니까?

하나님의 성전을 헐고 사흘 동안에 지을 수 있다는 말씀에 대하여 두 증인의 일치된 증거가 나왔습니다. 이 말씀은 예수께서 삼 일 후에 자신이 부활할 것을 예언하신 말씀입니다.

그들은 주님이 성전을 비난하고 그 건물의 무너짐을 예언했다고 생각했을 뿐 아니라 예수님을 성전 파괴를 직접 감행할 범법자로 몰아세웠습니다. 예수께서는 자신이 직접 성전을 무너뜨릴 것이라고 결코 말씀하지 않았습니다.

"예수께서 대답하여 이르시되 너희가 이 성전을 헐라 내가 사흘 동안에 일으키리라 유대인들이 이르되 이 성전은 사십육 년 동안에 지었거늘 네가 삼 일 동안에 일으키겠느냐 하더라 그러나 예수는 성전된 자기 육체를 가리켜 말씀하신 것이라"(요 2:19~21)

더욱이 그 두사람의 증거는 서로 일치하지 못함으로써(막 14:59) 증언의 신빙성마저 결여되고 있었습니다.

심문에 대한 예수님의 반응

예수님은 대답할 가치가 없는 것에 대해 침묵하고 계십니다. 대답해도 알아들을 귀가 없는 자들에게 설명한들 무슨 유익이 있겠습니까?

그러나 가장 중요한 대답을 하십니다. 하나님의 아들 그리스도이심을 말씀하셨습니다. 예수님은 하나님의 아들로 우리의 죄를 위해 이 땅에 오셨고 십자가에 죽으셨습니다. 바로 이것이 하나님의 목적이셨습니다.

예수님께서 하나님 우편에 앉으실 것과 구름타고 오실 것을 말씀하고 있습니다. 장차 올 영광을 말씀하신 것입니다. 재림이 있음을 믿어야 합니다.

진리를 모를 때의 반응(65절)

그러나 예수님을 모르는 자들의 반응을 보십시오.

옷을 찢으며 분노

예수님이 자신을 하나님의 아들로, 하나님의 우편에 앉을 자로 '하나님을 모독한 것'으로 여기고 있습니다. 본문에 나오는 '옷'(히마티아)은 겉옷을 가리킬 때 사용되는 말로서 여기서는 대제사장의 예복을 가리킵니다. 이에 비해 마가복음에는 속옷을 가리키는 '키토나스'라는 말이 나오는데, 아마 이때 가야바는 속옷과 겉옷을 동시에 잡고 자기 목 부위에서 가슴이 노출될 만큼 찢어 내렸던 것 같습니다. 옷을 찢는 것은 극한 슬픔에 직면했거나 의로운 분노의 한 표현으로 행하던 유대인들의 전통적 행동이었습니다(왕하 1:37). 특히 랍비들이 규정한 바에 의하면 율법에 중대한 위협이 발생했을 때 법관은 일어나 옷을 찢도록 했습니다.

참람한 말을 하였으니

이를 직역하면 '하나님께 모독하는 말을 하였다'가 됩니다. 즉 예수님은 자신이 메시야요, 하나님의 아들이심을 선언하심으로써 이제 신성 모독의 가장 중한 범죄자가 된 것입니다(레 24:16). 따라서 그들은 더 이상의 증거를 찾을 필요가 없게 되었습니다.

그러나 비록 그들에게는 신성 모독죄에 해당하는 중한 범죄로 인정되었지만 예수님은 자신의 존재를 분명히 밝힌 것이었습니다. 예수님은 자신에게 어떤 위험이 다가올 것인가를 아셨지만 담대하게 밝히신 것입니다. 이로 인해 예수님은 더 이상 살 가치가 없는 자로 매도되었습니다.

"너희 생각은 어떠하냐 대답하여 이르되 그는 사형에 해당하니라 하고 이에 예수의 얼굴에 침 뱉으며 주먹으로 치고 어떤 사람은 손바닥으로 때리며 이르되 그리스도야 우리에게 선지자 노릇을 하라 너를 친 자가 누구냐 하더라"(66~68절)

이 구절의 헬라어 본문은 사 50:6의 예언, 곧 "나를 때리는 자들에게 내 등을 맡기며 나의 수염을 뽑는 자들에게 나의 뺨을 맡기며 모욕과 침 뱉음을 당하여도 내 얼굴을 가리지 아니하였느니라"는 메시지가 성취되고 있음을 보여 줍니다. 실로 불법 판결이 끝나자 주위에 기다리고 있던 종들이(하속) 차마 말로 다할 수 없는 수모와 학대와 조롱을 일삼은 것입니다(막 14:65). 정녕 그들은 생각할 수

조차 없는 최악의 수치를 예수님께 안겨준 것입니다. 여기서 남의 얼굴에 침을 뱉는다는 것은 언제 어디서나 더할 수 없는 최고의 모욕입니다(민 12:14).

주먹으로 치고, 손바닥으로 때리며 도무지 반격할 수 없는 자에게 물리적인 폭력을 가하는 것은 더더욱 야만적입니다.

한편 누가는 이때 그들이 예수를 조롱하고 구타하기 위해 얼굴을 가리웠다고 증언하고 있습니다(눅 22:64). 이와 함께 본문의 '손바닥으로 때리며'는 '몽둥이로 때리다'를 뜻하는 '라피스 마'에서 유래한 단어로 그 당시 하속들은 손바닥 뿐 아니라 몽둥이로도 예수님을 심하게 구타한 것임을 암시하고 있습니다. 실로 그들은 신성 모독자를 구타한 것이 아니라 신성 모독의 범죄를 자행하고 있었던 것입니다. 이는 영적 무지의 결과인 것입니다.

예수님이 누구 때문에 이런 고통을 당하셨습니까? 바로 우리 때문입니다. 예수님의 낮아지심과 말할 수 없는 모욕은 바로 저와 여러분이 당해야 할 것을 대신 당하신 것입니다. 그만큼 우리를 사랑하신 것입니다. 자신의 생명보다 저와 여러분을 더 사랑하신 것입니다. 지금도 예수님의 사랑은 우리와 함께 하십니다. 그 사랑 때문에 우리는 하나님의 자녀가 되었습니다. 천국에 들어갈 수 있는 특권을 얻었습니다. 우리 주변에는 아직도 이 예수님의 사랑을 알지 못하고 방황하는 사람들이 너무도 많습니다.

목숨까지 아끼지 않으시고 부어 주신 그 사랑을 그들도 알고 주님께 나아오도록 그 사랑을 전하는 여러분이 되시기를 바랍니다.

생애 가장 행복한 하루

누가복음 23:39~43

39 달린 행악자 중 하나는 비방하여 이르되 네가 그리스도가 아니냐 너와 우리를 구원하라 하되
40 하나는 그 사람을 꾸짖어 이르되 네가 동일한 정죄를 받고서도 하나님을 두려워하지 아니하느냐
41 우리는 우리가 행한 일에 상당한 보응을 받는 것이니 이에 당연하거니와 이 사람이 행한 것은 옳지 않은 것이 없느니라 하고
42 이르되 예수여 당신의 나라에 임하실 때에 나를 기억하소서 하니
43 예수께서 이르시되 내가 진실로 네게 이르노니 오늘 네가 나와 함께 낙원에 있으리라 하시니라

생애 가장 행복한 하루

어떤 사람이 강도 짓을 하다가 잡혀서 사형을 선고받고 모든 삶을 포기했습니다. 감옥에서 지나간 시간들을 생각하면 눈물만 나올 뿐이었습니다. 같은 처지에 있는 한 친구와 함께 그 사람은 마지막 식사를 하는 둥 마는 둥하고, 오전에 골고다 언덕까지 십자가를 지고 올라갔습니다. 그리고 두 사람은 십자가 위에 누웠습니다. 잠시 후에 로마 군병들은 그들의 손을 나무에 묶었습니다. 그리고 커다란 대못을 가지고 와서 손에 박기 시작했습니다. 그 고통은 말로 다 할 수 없었습니다. 손이 끊어지는 것 같은 아픔 그리고 온 몸이 고통으로 전율하기 시작했습니다. 그리고 또 다시 큰 못을 가져와 발에다 박기 시작했습니다. 큰 망치가 내리칠 때마다 몸 속에 박히는 못은 뼈를 부수고 발을 뚫고 나무에 박혔습니다. 너무나 고통스러워 큰 비명을 지르며 악을 썼습니다. 그러다가 정신을 잃고 말았습니다.

죽음이라는 절망 앞에 서야 할 인생

모든 사람은 죽음이라는 절망 앞에 서야 합니다. 오늘 십자가에 달린 두 사람은 모두 죽음 앞에 서 있습니다. 모든 것이 끝난 것입니다. 희망이라고는 조금도 없습니다. 이제는 죽음이 바로 코 앞에 다가온 것입니다. 모든 사람에게는 죽음이라는 단어가 따라 다닙니다. 이 세상에 사는 단 한 사람도 죽음으로부터 도망칠 수가 없습니다. 문제는 죽음을 어떤 형태로 맞이하느냐 하는 것이 문제일 뿐입니다.

이 사람이 정신을 차리고 보니 옆의 친구가 십자가에 달린 또 다른 사람에게 악을 쓰며 고함을 치고 있습니다. "당신이 구세주라면서 그렇다면 우리를 구원해라, 제발 우리를 구원해라." 끝까지 살겠다고 몸부림치는 이 사람의 절규를 보며 십자가 밑에 있던 모든 사람들이 참 안됐다고 혀를 차고 있었습니다. 우리는 죽음 앞에서 어떤 자세를 보이겠습니까? 죽음 앞에 선 어떤 분이 그렇게 말했다고 합니다. '나를 살려만 주면 내 재산의 반을 주겠습니다.' 이 말은 이 세상에 대한 집착을 보여주는 것입니다 .본문에 나오는 이 사람의 마음을 누구도 알아주지 못하고 있습니다. 구세주라고 하는 예수 그리스도도 단 한마디의 위로가 없습니다.

사람은 누구나 죽음을 무서워합니다. 포학한 짓을 하던 강도도 막상 죽음 앞에서는 살려고 악을 쓰고 있는 것입니다. 이 사람은 자신의 생애 가장 비참한 날을 맞이하고 있는 것입니다. 그렇다면 모든 사람에게 죽음은 반드시 비참한 날입니까? 지금 이 사람에게는 참으로 비참한 날입니다. 생애 최악의 날이 된 것입니다. 그 이유가 있을 것입니다 .이 사람은 죽음 전에 해결해야할 문제가 무엇인지 모르고 있기 때문입니다. 죽음은 누구에게나 찾아옵니다. 그러므로 죽음을 준비해야 합니다. 죽음 전에 해결해야 할 문제를 반드시 해결받아야 합니다. 그렇지 않으면 오늘 이 사람처럼 죽음 앞에서 살려달라고 악을 쓰며 죽을 수 밖에 없습니다.

죽음 전에 해결해야 할 문제

자신이 죄인임을 알고 인정해야 합니다

이 강도는 지금 친구를 향해서 말하고 있습니다. "이 친구야 아직도 정신을 못차리는가? 지금 자네와 나는 죄인이야." 이상하게도 죄를 짓고 감옥에 들어가고도 자신이 죄인임을 인정하기 보다는 자기에게 이런 고통을 준 사람을 저주하고 이를 가는 사람이 있다고 합니다. 그리고 감옥에서 나가기만 하면 그냥 두지 않겠다고 한을 품는 경우가 많다고 합니다. 사람들은 죄를 숨기려고 합니다. 그리고 사람들에게 들키지 않으면 의인처럼 행동합니다. 이것이 인간의 모습입니다. 지금 본문에 나오는 이 강도도 자신이 죄인임을 인정하기는 커녕 자기를 살려내라고 난리입니다.

"기록된 바 의인은 없나니 하나도 없으며"(롬 3:10)

"모든 사람이 죄를 범하였으매 하나님의 영광에 이르지 못하더니"(롬 3:23)

중요한 것은 자신이 죄인임을 인정해야 합니다. 하나님 앞에서 죄인이 아닌 사람은 단 한 명도 없기 때문입니다. 죽음 전에 인생이 반드시 해야할 문제는 자신의 명예를 남기기 위한 일도 아닙니다. 돈을 많이 벌어서 자식들에게 남겨줄 유산을 준비하는 것도 아닙니다. 가장 급한 것은 죄 문제를 해결하는 것입니다. 오늘 여러분이 가장 시급하게 해결해야 할 문제는 바로 죄라는 것입니다.

하나님을 두려워해야 합니다

그런데 왜 사람들이 죄를 짓고도 해결하려고 노력도 하지 않습니까? 그것은 바로 하나님이 그 마음에 없기 때문입니다. 하나님을 믿지 않는 사람은 죄가 아무 문제가 되지 않는 것처럼 보입니다. 그러나 하나님이 없다고 말하는 사람은 세상에서 가장 불쌍한 사람입니다. 인간의 가장 근본적인 문제를 해결할 수 없기 때문입니다. 성경은 이 사실을 분명하게 말씀하고 있습니다.

"어리석은 자는 그의 마음에 이르기를 하나님이 없다 하는도다 그들은 부패하고 그 행실이 가증하니 선을 행하는 자가 없도다 여호와께서 하늘에서 인생을 굽어살피사 지각이 있어 하나님을 찾는 자가 있는가 보려 하신즉 다 치우쳐 함께 더러운 자가 되고 선을 행하는 자가 없으니 하나도 없도다 죄악을 행하는 자는 다 무지하냐 그들이 떡 먹듯이 내 백성을 먹으면서 여호와를 부르지 아니하는도다 그러나 거기서 그들은 두려워하고 두려워하였으니 하나님이 의인의 세대에 계심이로다"(시 14:1~5)

하나님은 인생의 주인이십니다. 하나님은 인생의 생사화복을 주관하십니다. 그리고 모든 것을 아낌없이 공급하시는 무한한 공급자이십니다. 하나님은 우리의 아버지가 되기를 원하십니다. 그러나 죄 문제를 해결하지 않고 하나님을 인정하지 않을 때 하나님은 무서운 심판자가 되심을 알아야 합니다.

예수의 십자가를 바라봐야 합니다

십자가에 달려 있는 두 사람은 다른 각도에서 예수님을 바라보고 있습니다. 한 사람은 단지 이 세상에서 좀 더 살아보려고 발버둥을 치고 있습니다. 이 순간만 모면하면 모든 것이 다 될 것처럼 생각하고 있습니다. 자신이 예수님의 도움으로 십자가에서 내려오기만 한다면 모든 문제가 해결될 것으로 생각하고 있습니다. 그러나 또 다른 사람은 철저하게 자신의 죄를 인식하고 있습니다. 그리고 지금 현재보다도 더 값진 것을 추구하고 있습니다.

여러분도 예수 그리스도를 바라보고 있습니까? 혹시 현재만을 위해 예수님을 바라보고 있지는 않습니까? 지금 한편 강도는 자기의 현재만을 위해 예수님을 이용하고 있습니다. 그런데 예수님은 이 사람에게 아무 것도 주시지 않습니다. 사실 교회에 나오는 분들 중에 예수님을 현재의 복만을 주시는 분으로 오해하는 사람들이 있습니다. 예수님은 더 값진 것을 가지신 분입니다. 잠깐 동안의 복이 아닌 영원한 복을 가지신 분입니다. 죄사함의 권세를 가지신 분입니다. 예수 그리스도를 바라봐야 합니다. 그 분은 값진 것을 가지고 계신 분입니다. 그리고 그 분은 그 값진 것을 우리에게 주시기를 원하십니다. 바로 천국을 우리에게 주고 싶어 하십니다.

하나님의 나라를 얻어야 합니다

사람에게는 세상 나라만 있는 것이 아닙니다. "당신의 나라"가 있습니다. 바로 하나님의 나라입니다. 이는 죽음 이후에 준비된 나라인 것입니다. 지금 이 사람은 세상에서의 죽음을 앞두고 하나님의 나라에 갈 준비를 하고 있습니다. 그곳은 바로 예수님을 통해서만 갈 수 있다는 사실을 알고 있는 것입니다. 여러분! 천국은 예수님을 통해서만 가는 것입니다. 지금 이 한 강도의 간구를 우리는 마음속 깊이 새겨야 합니다. "예수여 당신의 나라에 임하실 때에 나를 기억하소서" 여러분 지금 이 사람은 생애에 가장 중요한 고백을 한 것입니다. 예수님을 진정으로 자신의 구원자로 인정한 것입니다. 그리고 예수님을 통해 주어지는 천국을 사모하고 있는 것입니다.

예수님은 십자가에서 말할 수 없는 고통을 당하고 계십니다. 온 몸은 온통 피범벅이었으며 고통은 도무지 참을 수가 없었습니다. 그러나 이 예수님의 십자가가 이 강도에게는 축복이었습니다. 십자가에 달리신 예수님은 구원자로 이 강도에게 오셨기 때문입니다. 이 사실은 바로 우리 모두에게도 해당됩니다. 예수님의 십자가는 우리 모두에게 구원의 길이었습니다. 모든 인류를 위해 십자가를 지신 예수님은 바로 오늘 이 강도처럼 자신의 죄 문제를 고백하고 하나님의 나라를 사모하는 자들에게 천국을 주신다는 사실입니다. 예수님의 십자가는 능력입니다. 예수님의 십자가는 모든 사람에게 기쁨이요 소망인 것입니다. 사람에게 십자가 만큼 귀한 것은 없습니다. 지금 이 강도에게 가장 귀한 것은 바로 십자가입니다. 절망 중에 있는, 죽음 앞에 있는 이 사람에게 십자가는 희망이요 기쁨인 것입니다.

"십자가의 도가 멸망하는 자들에게는 미련한 것이요 구원을 받는 우리에게는 하나님의 능력이라"(고전 1:18)

"내가 너희 중에서 예수 그리스도와 그가 십자가에 못 박히신 것 외에는 아무 것도 알지 아니하기로 작정하였음이라" (고전 2:2)

"내가 그리스도와 함께 십자가에 못 박혔나니 그런즉 이제는 내가 사는 것이 아니요 오직 내 안에 그리스도께서 사시는 것이라 이제 내가 육체 가운데 사는 것은 나를 사랑하사 나를 위하여 자기 자신을 버리신 하나님의 아들을 믿는 믿음 안에서 사는 것이라" (갈 2:20)

즉각적인 응답

믿음을 고백한 이 강도에게 응답은 오래 걸리지 않았습니다. 예수님은 바로 이 강도에게 응답하고 계십니다. "내가 진실로 네게 이르노니 오늘 네가 나와 함께 낙원에 있으리라" 구원은 우리가 예수님이 구원자임을 믿고 입으로 고백하는 순간 즉시 얻게 되는 것입니다. 예수님은 지체하지 않고 바로 "오늘 네가 나와 함께 낙원에 있으리라"고 선포하셨습니다. 죄인임을 인정하고 내 죄를 담당하시고 대신 죽으신 예수님을 믿겠다고 고백하는 순간 영생은 즉각적으로 주어집니다.

"사람이 마음으로 믿어 의에 이르고 입으로 시인하여 구원에 이르느니라" (롬 10:10)

"내가 진실로 진실로 너희에게 이르노니 내 말을 듣고 또 나 보내

신 이를 믿는 자는 영생을 얻었고 심판에 이르지 아니하나니 사망에서 생명으로 옮겼느니라"(요 5:24)

"진실로 진실로 너희에게 이르노니 믿는 자는 영생을 가졌나니"(요 6:47)

"진실로 진실로 너희에게 이르노니 사람이 내 말을 지키면 영원히 죽음을 보지 아니하리라"(요 8:51)

예수님을 믿는다고 고백하고 마음으로 믿고 있으면서도 자신에게 천국이 이미 주어진 것을 모르고 있습니까? 예수 믿는 자는 오늘 이 강도처럼 구원을 받게 되는 것입니다.

구원에는 대상이 정해져 있지 않습니다

지금 이 강도는 국가로부터 이 세상에서 더 살 가치가 없는 죄인이라고 인정을 받았습니다. 그래서 사형을 당하고 있는 것입니다. 그런데 이런 사형수에게 예수님이 "진실로 네게 이르노니 오늘 네가 나와 함께 낙원에 있으리라"고 하셨습니다. 이는 어떤 죄인도 구원받을 수 있다는 것입니다. 세상에 사는 사람이면 누구나 구원의 대상이 된다는 사실을 가르치고 있습니다. 이것이 하나님의 사랑입니다. 하나님은 이 세상을 품고 계십니다. 누구든지 예수님을 믿기만 하면 구원해 주십니다.

"하나님이 세상을 이처럼 사랑하사 독생자를 주셨으니 이는 저를 믿는 자마다 멸망치 않고 영생을 얻게 하려 하심이니라"(요 3:16) 하나님 나라에 들어가는 자격은 오직 하나밖에 없습니다. 예수님께서 나를 위해 십자가에 죽으심을 믿는 것입니다. 하나님은 오늘 이 현장을 통해 후세 사람들과 지금 십자가 밑에 있는 사람들에게 이 사실을 분명하게 밝히시고 있습니다. 지금 이 강도는 참으로 행복한 시간을 가지고 있습니다.

생애 가장 행복한 하루

이 강도는 지금 육체적인 죽음이라는 고통의 터널을 벗어나면 곧바로 낙원으로 가게 됩니다. 천국행 티켓을 받았기 때문입니다. 여러분은 천국행 티켓을 가지고 있습니까? 아니면 아직도 어디를 가야하는지 모르십니까? 예수 그리스도를 믿으면 주님은 즉시 천국행 티켓을 주실 것입니다. 누구에게나 죽음은 다가옵니다. 우리 모두 육체적인 죽음의 시간에 천국행 티켓을 들고 생애 가장 행복한 하루라고 고백할 수 있도록 예수 그리스도를 믿으시기 바랍니다.

고난 속에 만난 사람

누가복음 23:26~38

26 그들이 예수를 끌고 갈 때에 시몬이라는 구레네 사람이 시골에서 오는 것을 붙들어 그에게 십자가를 지워 예수를 따르게 하더라
27 또 백성과 및 그를 위하여 가슴을 치며 슬피 우는 여자의 큰 무리가 따라오는지라
28 예수께서 돌이켜 그들을 향하여 이르시되 예루살렘의 딸들아 나를 위하여 울지 말고 너희와 너희 자녀를 위하여 울라
29 보라 날이 이르면 사람이 말하기를 잉태하지 못하는 이와 해산하지 못한 배와 먹이지 못한 젖이 복이 있다 하리라
30 그 때에 사람이 산들을 대하여 우리 위에 무너지라 하며 작은 산들을 대하여 우리를 덮으라 하리라
31 푸른 나무에도 이같이 하거든 마른 나무에는 어떻게 되리요 하시니라
32 또 다른 두 행악자도 사형을 받게 되어 예수와 함께 끌려 가니라
33 해골이라 하는 곳에 이르러 거기서 예수를 십자가에 못 박고 두 행악자도 그렇게 하니 하나는 우편에, 하나는 좌편에 있더라
34 이에 예수께서 이르시되 아버지 저들을 사하여 주옵소서 자기들이 하는 것을 알지 못함이니이다 하시더라 그들이 그의 옷을 나눠 제비 뽑을새
35 백성은 서서 구경하는데 관리들은 비웃어 이르되 저가 남을 구원하였으니 만일 하나님이 택하신 자 그리스도이면 자신도 구원할지어다 하고
36 군인들도 희롱하면서 나아와 신 포도주를 주며
37 이르되 네가 만일 유대인의 왕이면 네가 너를 구원하라 하더라
38 그의 위에 이는 유대인의 왕이라 쓴 패가 있더라

고난 속에 만난 사람

예수님의 십자가의 고난에 대해 성경에는 이렇게 기록하고 있습니다.

"이에 총독의 군병들이 예수를 데리고 관정 안으로 들어가서 온 군대를 그에게로 모으고 그의 옷을 벗기고 홍포를 입히며 가시관을 엮어 그 머리에 씌우고 갈대를 그 오른손에 들리고 그 앞에서 무릎을 꿇고 희롱하여 이르되 유대인의 왕이여 평안할지어다 하며 그에게 침 뱉고 갈대를 빼앗아 그의 머리를 치더라 희롱을 다 한 후 홍포를 벗기고 도로 그의 옷을 입혀 십자가에 못 박으려고 끌고 나가니라"(마 27:27~31)

"군인들이 예수를 끌고 브라이도리온이라는 뜰 안으로 들어가서 온 군대를 모으고 예수에게 자색 옷을 입히고 가시관을 엮어 씌우고 경례하여 이르되 유대인의 왕이여 평안할지어다 하고 갈대로 그의 머리를 치며 침을 뱉으며 꿇어 절하더라"(막 15:16~19)

예수님의 십자가 현장을 묵상해 보겠습니다. 그 당시의 상황은 어떠했겠습니까? 예수님께서 십자가를 지시고 골고다 언덕을 향해 걷고 있었습니다. 제사장들에게 끌려가 모욕과 고난을 당하신 후에 빌라도 법정에서 사형 선고를 받고 십자가를 지고 한 걸음 한 걸음 옮기시는 예수님의 몸은 이미 탈진 상태였습니다. 예수님은 밤새껏 심문당하고 희롱당하여 기진맥진한 상태가 되어있었기 때문입니다. 머리에는 가시로 엮은 면류관에 찔려서 피가 온 얼굴을 덮고 있었고 무자비한 로마군병으로부터 맞은 채찍 자국은 무섭게 부풀어 올라 금방이라도 피가 쏟아질 것 같은 모습이었습니다. 얼굴은 침 뱉음을 당해 얼룩진 모습이었습니다. 다리는 후들후들 떨리고 있었습니다. 한 걸음을 옮기는 것이 너무나 힘들게 보였습니다. 도무지 더 이상 걸을 수가 없었습니다. 예수님을 따라오는 군중들은 무슨 구경거리가 생긴 양 쳐다보고 있었습니다. 참 안됐다는 표정이었습니다.

 얼마 전 까지만 해도 병자를 고치고 기적을 베푸는 위대한 분으로 알았는데 십자가를 지고 가는 예수를 보니 보통 사람보다 더 초라하고 외소해 보였습니다. 참 안됐다는 식으로 바라보는 군중들 사이를 걸어가는 예수님은 완전히 탈진상태였습니다. 그리고는 십자가를 진 채로 앞으로 꼬꾸라지고 말았습니다. 로마 군병이 일어나라고 고함을 쳐도 십자가를 지고 일어날 힘이 없었습니다. 로마 군인은 눈을 부릅뜨고 채찍을 휘둘렀습니다. 나직한 비명소리와 함께 다시 앞으로 꼬꾸라지고 말았습니다. 주위에는 예수님의 몸에서 흘러내린 피와 흙이 범벅이 되어 있었습니다.

구레네 사람 시몬

그 때 옆에서 보고 있던 한 청년을 로마 군인이 잡아서 십자가를 대신 지고 가라고 했습니다. 이 청년은 영문도 모르고 로마 군인이 시키는대로 예수님의 십자가를 대신 졌습니다.

"그들이 예수를 끌고 갈 때에 시몬이라는 구레네 사람이 시골에서 오는 것을 붙들어 그에게 십자가를 지워 예수를 따르게 하더라" (26절)

영문도 모른 이 청년은 떨떠름한 표정으로 로마 군인의 표정을 힐끗힐끗 쳐다보며 예수님의 뒤를 따라 걷기 시작했습니다. 구레네는 북아프리카 지중해 연안에 있는 도시로서 현재 리비아의 트리폴리를 말합니다. 세 복음서 모두 시몬이 우연히 지나다가 이 일을 당한 것으로 언급하고 있습니다. 당시 구레네 사람들의 회당이 예루살렘에 있었고(행 6:9) 초기 기독교인들 중에 구레네 사람들도 있었던 것으로 보아(행 2:10, 11:20) 시몬은 해외에 거주하는 유대인이었던 것 같습니다.

영문도 모르고 강제로 십자가를 대신 지고 가는 구레네 사람 시몬은 이런 생각을 했는지도 모릅니다. '이 사람에게는 제자도 있고 수 천 명씩 따라 다닌 사람도 있었다고 하는데 왜 내가 이 십자가를 져야 하는가? 오늘날 교회 사역을 하면서 이런 생각을 해 본적이 있으십니까? 내가 왜 이렇게 힘든 일을 해야 하나? 교회에는 직분자도 있고 오래 다닌 사람도 많은데 왜 하필 나인가? 예수님의 십자가를 지고 가는 구레네 사람 시몬을 통해 주님은 우리에게 어떤 메시지를 주기를 원하시겠습니까?

열두 제자들이 모두 예수님의 곁을 떠난 상황에서 십자가를 지고 예수님을 따르는 시몬의 모습이야말로 참다운 제자의 자세임을 말하고자 했을 것입니다.

"또 무리에게 이르시되 아무든지 나를 따라오려거든 자기를 부인하고 날마다 제 십자가를 지고 나를 따를 것이니라"(눅 9:23)

이것이 우리가 가져야 할 자세입니다. 예수님을 믿는다고 하면서 자신의 필요와 요구만을 내세우고 자신의 문제를 해결하기 위해서는 예수라고 큰 소리로 부르다가 예수님이 어려움을 당할 때, 예수님이 피로 값을 주고 세우신 교회가 어려움을 당할 때 방관하면서 떠나가 버리는 사람들에게 구레네 사람 시몬의 모습은 하나의 모델이라고 할 수 있을 것입니다.

중국에서 선교를 하는 어떤 선교사님의 간증입니다.

중국 문화 혁명 때 중국 당국에서 부모라도 사상에 문제가 있으면 고발을 하라고 했습니다. 그때 스승도 고발하고 부모도 고발했습니다. 고발해서 영웅칭호를 받고 박수와 인정을 받는 것을 보며

한 소년이 자신도 무엇인가 해야겠다는 생각에 어머니와 아버지가 예배드리는 것을 고발했습니다. 어머니와 아버지가 학교 운동장에 잡혀와서 자아비판을 받고 반동으로 몰려 공개 처형을 당하는 것을 보고 있는데 아버지가 자기를 쳐다보았습니다. 그 때 아버지의 모습은 미움과 분노의 얼굴이 아니라 사랑스러운 아들을 바라보는 아버지의 모습이었다고 합니다. 그는 중국 당국에서 주는 학비로 공부를 해서 공산당 간부가 되었습니다. 그러던 어느날 문득 자기의 아들이 자기를 쳐다보는 모습을 보다가 30년 전에 자기에게 고발당한 아버지의 얼굴이 떠올랐다고 합니다. 까맣게 잊고 있다가 이때부터 이 사람은 그 당시의 아버지의 모습을 생각하며 괴로워하기 시작했습니다. 이 죄를 어떻게 해결할 수 있을까 고민하며 고통스러워 하던 중 한국 선교사님을 만나서 이 비밀을 고백했습니다.

예수님을 위해 십자가를 지겠다고 큰소리치던 베드로도 사라졌습니다. 예수님 주위에는 아무도 예수님의 십자가를 대신 질 수 있는 사람이 없었습니다. 제자들은 보이지 않았습니다. 스승을 내버려 두고 모두 도망친 것입니다.

초등학교 1학년 담임 교사가 수업시간에 가정통신문을 찢으며 말썽을 피우는 한 학생에게 주의를 주다가 "자꾸 그러면 아예 집에 가라!"고 했습니다. 이 아이는 즉시 집으로 가서 부모에게 알렸고 부모는 수업중인 교사와 교감 선생님을 폭행한 일이 있었습니다.

또 50세 된 어떤 교사는 수업시간에 산만한 여학생을 앞으로 불러냈는데 걸어나오던 그 학생이 다른 학생들에게 "누구 휴대폰 가진 사람 없니? 112에 신고해줘!"라고 했습니다. 우리는 불신이 팽배한 시대에 살고 있습니다.

예수님께 생명까지 바치겠다던 제자들도 보이지 않고 오병이어의 기적 현장과 병자가 낳는 기적현장에서 감격하던 그 많은 사람들은 어디론가 사라졌습니다. 오늘 우리의 모습이 요즘 잘못 되어가는 학생들의 모습은 아닌지 생각해봐야 할 것입니다.

구레네 시몬은 재수없는 사람이 아닙니다. 복된 사람입니다. 그가 예수님의 십자가를 대신 질 수 있었기 때문입니다. 우리에게 섬길 수 있는 힘이 있다는 것은 감사한 일입니다. 여러분은 예수님의 십자가를 대신 져본 적이 있습니까? 아니면 주님께서 어려울 때 오히려 비난하고 구경꾼으로 따라오고 있는 무리 속에 있지는 않았습니까? 얼마나 많은 사람들이 자신들이 어려울 때 예수님을 불렀습니까? 그러나 지금은 예수님과 아무런 관계가 없다는 식으로 애써 무리 속에 숨어버린 사람들의 모습이 여러분의 모습은 아닙니까? 예수님의 말씀을 기억해야 합니다.

"아무든지 나를 따라오려거든 자기를 부인하고 날마다 제 십자가를 지고 나를 따를 것이니라"(눅 9:23) 예수님을 따르는 것은 누구에게나 허용되어 있습니다. 그러나 예수님을 따를 때 그리스도인들에게 요구하고 있는 것이 있습니다. 예수님의 말씀 속에서 세 가지의 의미를 살펴보겠습니다. 첫째는 자기 부정을 요구하셨습니다.

자기 부정이란 자신의 주권이 하나님께 있다고 믿고 오직 하나님만 신뢰하는 것입니다. 둘째로 자기 십자가를 져야 합니다. 십자가는 로마 시대의 형벌 중 가장 잔혹한 것으로 고난과 죽음을 상징합니다. 예수님을 믿을 때 우리는 영광과 축복만을 요구합니다. 그러나 영광과 축복은 예수님의 십자가를 통해 우리에게 주어졌음을 기억하고 우리도 이런 십자가를 질 수 있어야 합니다. 셋째로 이러한 자기 부정과 십자가를 지는 삶이 지속적으로 이어져야 합니다. "날마다 제 십자가를 지고 나를 좇으라"고 하셨습니다. 이것은 그리스도께서 원하시는 장성한 분량에까지 성장하려면 일시적 결심만으로는 안 된다는 것을 말씀하고 계십니다. 주님이 원하시는 장성한 분량에까지 이르려면 지속적인 신앙 훈련이 필요한 것입니다.

한 때 열심히 주님을 위해 잘 섬기다가 안개처럼 떠나가는 사람들을 볼 수 있습니다. 우리는 구레네 시몬을 통해 주고자 하시는 주님의 메시지를 들어야 합니다.

가슴을 치며 슬피 우는 사람들

예수님이 가는 고난의 행렬을 뒤따르는 사람들 가운데 가슴을 치며 슬피우는 사람들도 있었습니다. 백성들과 여자들의 큰 무리가 가슴을 치며 울면서 뒤따랐습니다. 특히 여자들의 애통함을 본문에서 강조하고 있습니다.

"또 백성과 및 그를 위하여 가슴을 치며 슬피 우는 여자의 큰 무리가 따라오는지라"(27절)

그 당시 여자들은 남자에 비하여 천대를 받았습니다. 그들이 예수님의 뒤를 따라가고 있습니다. 그리고 그들은 마음 아파하고 있습니다. 예수님의 고난을 보며 마음 아파한 사람들에 대해 기록하고 있습니다.

주님이 피로 값을 치르고 세우신 교회가 어려움을 당할 때 함께 가며 가슴 아파한 적이 있습니까? 이 사람들은 예수님과 마음이 통한 사람들입니다. 예수님의 마음을 누구보다 가장 잘 느끼고 있었던 사람들입니다. 우리가 어릴 때는 부모의 마음을 모르다가 성장해서 부모의 마음을 알게 됩니다. 그리고 부모님과 함께 느끼며 아파합니다. 예수님을 따라가며 가슴을 치며 애통하는 자에게 예수님은 고난의 길을 가시는 중에도 자신의 마음을 말씀하고 계십니다. 그리고 비밀을 말씀하고 계십니다.

"예수께서 돌이켜 그들을 향하여 이르시되 예루살렘의 딸들아 나를 위하여 울지 말고 너희와 너희 자녀를 위하여 울라"(28절)

예수님께서 고난의 길을 가시면서도 메시지를 전하고 계신다는 것은 놀라운 일입니다. 지금 누가 예수님의 말씀을 귀담아들을 수 있습니까? 축복의 말씀만 귀담아 듣던 사람들은 예수님에게 마음이 이미 떠나 있었습니다. 그러나 예수님의 뒤를 따라가며 가슴을 치고 애통해하는 사람들에게는 또 다른 진리를 말씀하고 있는 것입니다. 이들은 들을 귀가 있었던 것입니다. 주님의 마음이 되어 애통해 본 적이 있습니까? 그렇다면 주님께서는 오늘 이 사람들에게 마음을 열어서 또 다른 비밀을 말씀하셨듯이 말씀하실 것입니다. 말이 통하지 않는 사람들로 꽉 차있는 이 세상입니다. 예수님과 말이 통하는 사람, 예수님의 말씀을 들을 귀가 있는 사람이 바로 이 사람들입니다. 예수님의 음성을 들을 수 있길 바랍니다.

너희와 너희 자녀를 위해 울라

예수님께서 가슴을 치며 애통해 하며 따라오는 사람들에게 하신 말씀은 분명히 비밀이며 위대한 말씀입니다. 무슨 메시지인지 살펴보면 심판에 대한 말씀입니다. 예수님은 자신을 위해 울지 말라고 말씀하십니다. 예수님 자신의 고난과 죽음을 애통해하고 슬퍼하기에 앞서 너희 자신과 너희 자녀를 위해 울라고 하셨습니다.

왜 예수님께서 십자가에서 죽으셔야 했습니까? 그것은 바로 우리의 죄 때문입니다. 우리가 살고 있는 이 세상은 죄로 인해 심각한 상태에 도달해 있습니다.

독일 함부르크에는 '아기 넣는 곳'이 등장했습니다. 함부르크의 한 사회단체가 빈민지역 기차역에 설치한 이것은 가로 30cm, 세로 70cm로 벨을 누르면 문이 열리면서 받침대가 내려오고 여기에 아이를 올려 놓으면 문이 닫히고 아기는 20cm 밑에 있는 따뜻한 침대

속으로 옮겨집니다. 이것이 생긴 이유는 독일 동부에 자녀가 두 명인 28세 된 여자가 아이를 또 다시 낳게 되자, 양육에 대한 부담으로 자녀를 죽인 끔찍한 사건으로 인해 13년 6개월 형을 받게 되자 이런 프로그램을 만들었다고 합니다. 자기가 낳은 아이까지 마음대로 버리는 것을 허용하는 세상에 살고 있습니다.

48세 된 이모씨가 인터넷을 통해 알게 된 초중고학생 20명과 원조교제를 하여 구속 수감되었습니다. 술을 먹이고 성폭행을 하고 2~7만원을 주었고, 28세의 유명 대학 경영학과 휴학생으로 행세하면서 아이들을 속였습니다. 이 사람은 경찰 진술에서 "불쌍한 아이들을 데려다가 먹을 것과 옷을 사준 죄 밖에 없다"고 했다고 합니다. 죄를 짓고도 무감각한 시대에 살고 있습니다.

죄로 인한 심판의 무서움을 모른다면 그것이 가장 가슴 아프고 애통해야 할 일입니다. 지금 예수님은 정작 마음 아프고 가슴 칠 일은 이스라엘 백성들의 죄악이라고 말씀하시는 것입니다. 참으로 가슴을 치고 통탄할 일은 이스라엘 백성의 죄에 대한 무지였습니다.

죄로 인한 심판에 대해 무지한 자들을 보면서 예수님은 가슴을 치며 애통해 하시는 것입니다. 죄 문제를 해결하기 위해 십자가의 고난을 택하신 하나님의 뜻을 모르고 단지 예수님의 고통과 죽음만을 바라보며 슬퍼하지 말라는 말씀입니다.

해산하지 못한 자가 복이 있다

예수님은 죄에 대한 심판이 얼마나 무서운가를 A.D. 70년에 디도 장군이 로마를 함락하는 것을 통해 보여 주셨습니다.

"보라 날이 이르면 사람이 말하기를 잉태하지 못하는 이와 해산하지 못한 배와 먹이지 못한 젖이 복이 있다 하리라 그 때에 사람이 산들을 대하여 우리 위에 무너지라 하며 작은 산들을 대하여 우리를 덮으라 하리라"(29~30절)

이는 마지막 날 죄에 대한 심판이 얼마나 무서운가를 미리 보여준 사건입니다. 그 당시 많은 자녀를 낳는 것이 복 있는 여인이었습니다. 그런데 해산하지 못하는 것이 복이 있다고 하셨습니다. 이는 당시의 생각을 정반대로 뒤엎는 말씀이었습니다. 죄에 대해 준비하지 못한다면 많은 자녀는 오히려 저주가 될 것이라는 것입니다. 디도 장군에 의해 예루살렘이 함락되었을 때도 여자들과 아이들이 미처 도피하지 못하여 많은 화를 입었습니다. 예수님의 말씀은 근본적으로 회개하지 않는 자들은 살아남지 못하게 될 것이라는 경고입니다. 따라서 그리스도의 보혈을 의지하지 않으면, 죄에 대한 심판을 피할 수 없는 것입니다. 너무나 무서운 심판 때문에 살려달라고 발버둥치는 모습을 우리는 30절을 통해 알 수 있습니다. "산들에 대하여 우리 위에 무너지라" 심판과 저주의 날에 저주를 받게 되는 자들이 그 날의 고통이 너무 심하여 산이 무너져 자신들을 덮어 달라고 호소하는 내용입니다. 자기들이 당하는 고통을 가려주고 막아 달라는 뜻입니다. 고통이 너무 심하여 차라리 산이 무너져 내려 자신을 덮어 죽임으로써 고통을 잊게 되기를 바란다는 뜻입니다. 예수님은 죄를 회개하지 않은 자들에 대한 심판과 저주에 대한 무서운 고통을 말씀하시는 것입니다.

아직도 이 사실을 모르는 자들에게 복음을 전해야 하지 않겠습니까? 예수님은 죄인을 위해 기도하십니다. 예수님께서 십자가에 못 박히셔서 가장 먼저 하신 일이 무엇입니까? 그것은 바로 같이 십자가에 못 박힌 자들의 영혼을 위해 기도하셨다는 것입니다. 죽어가는 마지막 순간까지 죽어가는 한 편 강도를 위해 하신 기도를 통해 강도가 예수님을 믿게 되었다는 것입니다. "이에 예수께서 이르시되 아버지 저들을 사하여 주옵소서 자기들이 하는 것을 알지 못함이니이다 하시더라 그들이 그의 옷을 나눠 제비 뽑을새"(눅 23:34) 그리고 한 편 강도의 회심과 구원의 선포는 예수님께서 십자가에 죽으신 이유를 잘 설명해 주고 있습니다.

"이르되 예수여 당신의 나라에 임하실 때에 나를 기억하소서 하니 예수께서 이르시되 내가 진실로 네게 이르노니 오늘 네가 나와 함께 낙원에 있으리라 하시니라"(눅 23:42~43)

예수 그리스도의 십자가를 믿는 자들은 낙원을 선물로 받습니다. 그러나 죄에 대해 끝까지 회개하지 않고 죽어가는 자들은 예수 그리스도의 십자가의 죽음의 혜택을 받을 수 없습니다. 예수님을 곁에 두고도 지옥에 간 이 강도는 죽음 후에 영원히 후회할 것입니다.

여러분! 아직도 예수님을 믿지 않았다면 예수님을 믿어야 합니다. 그리고 이미 예수님을 믿고 계시다면 구레네 사람 시몬처럼 십자가를 지고 예수님을 따라야 합니다. 그리고 가슴을 치며 애통하던 여인과 백성들에게 부탁하신 그 예수님의 마음을 알고 그분의 음성을 듣고 심판에 대해 증거해야 하지 않겠습니까? 십자가의 고난을 당하시면서도 복음을 전하는 일에 최선을 다하셨던 예수님을 닮아서 믿지 않는 자들에게 이 놀라운 복음을 증거하는 복된 사람이 되시기를 바랍니다.

예수님의 기도 습관

누가복음 22:39~53

39 예수께서 나가사 습관을 따라 감람 산에 가시매 제자들도 따라갔더니
40 그 곳에 이르러 그들에게 이르시되 유혹에 빠지지 않게 기도하라 하시고
41 그들을 떠나 돌 던질 만큼 가서 무릎을 꿇고 기도하여
42 이르시되 아버지여 만일 아버지의 뜻이거든 이 잔을 내게서 옮기시옵소서 그러나 내 원대로 마시옵고 아버지의 원대로 되기를 원하나이다 하시니
43 천사가 하늘로부터 예수께 나타나 힘을 더하더라
44 예수께서 힘쓰고 애써 더욱 간절히 기도하시니 땀이 땅에 떨어지는 핏방울 같이 되더라
45 기도 후에 일어나 제자들에게 가서 슬픔으로 인하여 잠든 것을 보시고
46 이르시되 어찌하여 자느냐 시험에 들지 않게 일어나 기도하라 하시니라
47 말씀하실 때에 한 무리가 오는데 열둘 중의 하나인 유다라 하는 자가 그들을 앞장서 와서
48 예수께 입을 맞추려고 가까이 하는지라 예수께서 이르시되 유다야 네가 입맞춤으로 인자를 파느냐 하시니
49 그의 주위 사람들이 그 된 일을 보고 여짜오되 주여 우리가 칼로 치리이까 하고
50 그 중의 한 사람이 대제사장의 종을 쳐 그 오른쪽 귀를 떨어뜨린지라
51 예수께서 일러 이르시되 이것까지 참으라 하시고 그 귀를 만져 낫게 하시더라
52 예수께서 그 잡으러 온 대제사장들과 성전의 경비대장들과 장로들에게 이르시되 너희가 강도를 잡는 것 같이 검과 몽치를 가지고 나왔느냐
53 내가 날마다 너희와 함께 성전에 있을 때에 내게 손을 대지 아니하였도다 그러나 이제는 너희 때요 어둠의 권세로다 하시더라

예수님의 기도 습관

기도의 습관을 가지신 예수님

여러분은 어떤 습관을 가지고 계십니까? 예수님은 홀로 기도하시는 습관이 있었습니다. 시간만 나면 감람산을 찾으셨습니다. "예수께서 나가사 습관을 따라 감람산에 가시매 제자들도 따라갔더니"(39절)라고 말씀합니다. 그리스도인들이 기도하는 습관을 가진다면 이 습관은 가장 좋은 습관이라고 해도 좋을 것입니다. 기도는 예수님의 습관이었기 때문입니다. 기도하는 습관은 위대한 습관입니다. 우리도 기도하는 습관을 가지도록 합시다. 예수님은 지금 자신의 죽음을 앞두고 계십니다. 죽음 앞에서도 기도를 쉬지 않고 계십니다. 어떤 상황에서도 기도하시는 예수님의 모습은 우리가 닮아가야 할 모습인 것입니다.

기도의 습관을 가진 또 한 사람은 다니엘입니다. 다니엘은 자신에게 죽음이 온다고 해도 결코 기도를 포기하지 않은 사람입니다.

기도를 쉬면 총리의 자리를 유지할 수 있고, 기도를 쉬면 살 수 있었습니다. 그러나 그는 기도하는 일을 결코 쉴 수 없었습니다. 이는 기도가 총리의 자리보다 더 중요함을 알았기 때문입니다. 죽어도 기도하는 일을 쉴 수 없다는 이 고집스런 모습을 하나님은 보셨고 기도하던 다니엘을 더욱 높이시고 그의 자리를 확고하게 해 주셨을 뿐 아니라 그를 모략하던 자들을 모조리 사자굴 속으로 몰아 넣으셨습니다. 기도를 쉴 수밖에 없는 상황에 놓이셨습니까? 바로 그때가 기도할 때입니다. 기도를 쉬면 좋은 일이 있을 것처럼 보입니까? 바로 그 때가 기도할 시간입니다.

시험에 들지 않기를 기도합시다

유혹에 빠지지 않도록 기도해야 합니다. "그 곳에 이르러 그들에게 이르시되 유혹에 빠지지 않게 기도하라 하시고"(40절) 예수님과 함께 기도하기 위해 열 한 제자가 함께 따라 갔으나 겟세마네 동산에 이르러서 여덟 제자는 한 곳에 있게 하시고, 베드로와 요한과 야고보만 데리고 좀 더 들어갔습니다. 그리고 그들도 한 곳에서 머물게 하셨습니다. 예수님은 따로 자리를 정하시고 홀로 기도하셨습니다. 그 전에 예수님께서 제자들에게 기도하라고 하셨습니다. 그런데 기도해야 할 이유는 "유혹에 빠지지 않게 기도하라"고 말씀하시고 계십니다.

이 말씀은 무슨 뜻입니까? 기도하면 유혹을 이길 수 있다는 말씀입니다. 그러나 기도하지 않으면 사탄의 유혹에 넘어갈 수 있다는 말씀입니다.

기도하는 자는 힘을 가지고 있습니다. 영적인 힘을 가지고 있습니다. 성령의 도움을 받을 수 있습니다. 그러나 기도하지 않는 자는 자신의 힘으로 어떤 일을 처리하려고 합니다. 그 결과는 시험에 들게 된다는 것입니다. 예수님께서 말씀하시는 '유혹'이란 곧 닥칠 체포와 고난을 뜻합니다. 예수님께서는 체포되신 후 제자들이 두려움과 공포에 휩싸여 자신을 버리고 도망할 것을 이미 아셨고 따라서 그들이 낙심하고 절망하며 유혹에 빠지지 않기 위해 기도해야 한다는 것이었습니다.

결국 기도하지 않고 졸고 있던 제자들은 어떤 일을 행하였습니까? 대제사장의 종의 귀를 칼을 사용해서 떨어뜨렸습니다. 예수님께서 전혀 가르쳐 주시지 않은 방법을 사용한 것입니다. 예수님께서 언제 칼싸움을 가르쳐 주셨습니까? 그런데 베드로의 검법이 나온 것입니다.

예수님의 검법은 사랑과 용서의 검법이지 귀짜르는 검법이 아닌 것입니다. 기도하지 않는 자는 별 방법을 다 사용하게 됩니다. 하나님을 제외시킨 인간의 방법은 세상 사람의 방법과 전혀 다를 바 없다는 사실을 알아야 합니다. 그리고 기도하지 않고 있다가 더 이상 어떤 방법이 없다는 사실을 알았을 때 무기력함과 두려움에 빠질 수밖에 없는 것입니다. 기도하지 않고 있다가 예수님께서 십자가에 돌아가신 후 제자들은 참으로 나약한 자들의 모습을 보이고 있습니다. 그렇게 큰소리 치던 베드로를 비롯해서 제자들이 뿔뿔이 도망을 치고 있는 모습을 볼 수 있습니다. 예수님은 말씀하셨습니다.
"시험에 들지 않게 기도하라"

그리고 예수님은 무릎을 꿇고 기도하고 계십니다. 정말 간절하게 기도하고 계신 것입니다.
"그들을 떠나 돌 던질 만큼 가서 무릎을 꿇고 기도하여 이르시되 아버지여 만일 아버지의 뜻이거든 이 잔을 내게서 옮기시옵소서 그러나 내 원대로 마시옵고 아버지의 원대로 되기를 원하나이다 하시니"(눅 22:41~42)

사자가 하늘로부터 예수님의 힘을 돕고 있습니다

예수님의 고뇌에 찬 모습과 그 두려움은 심장의 파열로 죽을 지경이었습니다. 마태복음에는 예수님의 고뇌를 "내가 심히 고민하여 죽게 되었으니"라고 기록합니다. 예수님은 인간이셨기 때문에 이러한 어려움에 직면해서 하나님의 도움을 호소할 수밖에 없었습니다.
예수님은 기도를 통해 하나님의 도움을 받고 있습니다. "천사가 하늘로부터 예수께 나타나 힘을 더하더라"(눅 22:43) 하늘로부터 천사가 예수님을 도왔다는 것입니다. 천사가 예수님을 도왔다는 기사는 이곳 뿐만 아니라 예수께서 광야에서 마귀로부터 시험을 받으셨을 때도 언급되었습니다(마 4:11, 막 1:13).

광야에서 예수께서 시험을 받으신 후 기진맥진하셨을 때 천사가 그를 도와, 기력을 회복하시고 성령충만한 사역을 하셨으며 또 마지막까지 최선을 다하셨습니다. 아울러 이곳에서도 예수께서 고뇌와 두려움으로 가득 차 기도하시며 기진하시자, 하나님의 천사가 그를 도와 끝까지 고난의 길을 다 갈 수 있도록 하였습니다. 기도하지 않고는 하나님의 도움을 받을 수 없습니다. 어려움이 있고 힘든 일이 있을수록 기도는 쉬어서는 안 되는 것입니다. 기도하면 어려움도 하나님의 도움으로 이길 수 있습니다.

기도하지 않는 자가 어떻게 편히 잘 수 있습니까?

예수님은 "시험에 들지 않게 일어나 기도하라"고 하셨습니다. "이르시되 어찌하여 자느냐 시험에 들지 않게 일어나 기도하라 하시니라"(눅 22:46) 마태복음과 마가복음에는 '일어나' 라는 말대신 '깨어 있어 기도하라' 는 말씀으로 기록되어 있습니다.

뿐만 아니라 마태복음과 마가복음에는 예수님께서 그 말씀을 하신 후 세 번씩이나 제자들에게 와서 자는 것을 보시고 돌아가 다시 똑같은 기도를 하셨다고 기록합니다. 그리고 나서 예수께서는 제자들에게 돌아와 자고 쉬라는 말을 하십니다.

제자들은 지난 밤의 긴장되고 무거운 만찬과 예수님의 고별의 말씀들과 예수님께서 배반당하실 것이라는 말씀에 대한 흥분 등으로 매우 긴장된 채 밤을 맞이하여 기도에 들어갔을 것입니다. 아울러 그들은 기도하며 예수님의 죽음에 대해 인식하면서 슬픈 감정과 함께 심신이 피로하였을 것입니다.

이런 복합적 요인으로 인해 그들은 기도하면서 쉽게 잠들어 버린 것입니다. 그러나 그 밤은 그들이 쉽게 잠들만큼 평온한 밤이 아니었습니다. 그 밤은 죽음의 권세가 온 세상을 짓누르고 있었으며 예수님은 온몸으로 이 세력과 홀로 맞서고 계셨습니다. 이러한 예수님을 두고 제자들은 잠들어서는 안 되며 오히려 예수님의 힘이 되어 주어야만 했었습니다.

그들은 이전에 수많은 밤을 지새우며 바다에서 고기를 잡지 않았습니까? 그런데 이 밤에 단 하룻밤 몇 시간 동안도 기도하지 못하고 잠들고 말았습니다. 결국 이들의 잠이 그들에게 엄청난 시험과 좌절과 절망으로 나타났으며 걷잡을 수 없는 슬픔 속에 빠지게 하였습니다.

기도하지 않고 그들이 잠자는 시간 엄청난 계략과 사탄의 세력이 그들을 향해 다가오고 있었고 그들은 무방비 상태가 될 수밖에 없었습니다. 기도하는 자는 평안함을 얻을 수 있고 담대함을 얻을 수 있습니다. 기도를 통해 승리하는 삶을 살아갑시다.

예수님의 기도 습관을 배웁시다. 기도를 쉬면 안됩니다. 죽음 앞에서도 기도하시는 예수님을 닮아 어떤 상황, 어떤 자리에서도 기도를 통해 하나님의 도우심을 받는 승리의 삶이 되시기 바랍니다.

잠에서 덜 깬 세 사람

마태복음 26:31~46

31 그 때에 예수께서 제자들에게 이르시되 오늘 밤에 너희가 다 나를 버리리라 기록된 바 내가 목자를 치리니 양의 떼가 흩어지리라 하였느니라

32 그러나 내가 살아난 후에 너희보다 먼저 갈릴리로 가리라

33 베드로가 대답하여 이르되 모두 주를 버릴지라도 나는 결코 버리지 않겠나이다

34 예수께서 이르시되 내가 진실로 네게 이르노니 오늘 밤 닭 울기 전에 네가 세 번 나를 부인하리라

35 베드로가 이르되 내가 주와 함께 죽을지언정 주를 부인하지 않겠나이다 하고 모든 제자도 그와 같이 말하니라

36 이에 예수께서 제자들과 함께 겟세마네라 하는 곳에 이르러 제자들에게 이르시되 내가 저기 가서 기도할 동안에 너희는 여기 앉아 있으라 하시고

37 베드로와 세베대의 두 아들을 데리고 가실새 고민하고 슬퍼하사

38 이에 말씀하시되 내 마음이 매우 고민하여 죽게 되었으니 너희는 여기 머물러 나와 함께 깨어 있으라 하시고

39 조금 나아가사 얼굴을 땅에 대시고 엎드려 기도하여 이르시되 내 아버지여 만일 할 만하시거든 이 잔을 내게서 지나가게 하옵소서 그러나 나의 원대로 마시옵고 아버지의 원대로 하옵소서 하시고

40 제자들에게 오사 그 자는 것을 보시고 베드로에게 말씀하시되 너희가 나와 함께 한 시간도 이렇게 깨어 있을 수 없더냐

41 시험에 들지 않게 깨어 기도하라 마음에는 원이로되 육신이 약하도다 하시고

42 다시 두 번째 나아가 기도하여 이르시되 내 아버지여 만일 내가 마시지 않고는 이 잔이 내게서 지나갈 수 없거든 아버지의 원대로 되기를 원하나이다 하시고

43 다시 오사 보신즉 그들이 자니 이는 그들의 눈이 피곤함일러라

44 또 그들을 두시고 나아가 세 번째 같은 말씀으로 기도하신 후

45 이에 제자들에게 오사 이르시되 이제는 자고 쉬라 보라 때가 가까이 왔으니 인자가 죄인의 손에 팔리느니라

46 일어나라 함께 가자 보라 나를 파는 자가 가까이 왔느니라

잠에서 덜 깬 세 사람

　인간은 참 나약합니다. 나는 강하다고 큰소리치는 사람도 어쩔 수 없이 나약한 인간입니다.
　예수님으로부터 3년 동안 훈련받은 제자들이지만 그들도 여전히 나약한 존재였습니다. 예수님은 인간의 나약함을 아시고 예수님께서 군사들에게 잡히실 때 제자들이 모두 도망칠 것이라는 사실을 알았습니다.
　"그 때에 예수께서 제자들에게 이르시되 오늘 밤에 너희가 다 나를 버리리라 기록된 바 내가 목자를 치리니 양의 떼가 흩어지리라 하였느니라"(31절)
　훈련은 받았지만 생사의 갈림길 앞에서는 살길을 찾으려 하는 인간의 모습을 너무나 잘 알고 계셨습니다. 아마 예수님은 이 말씀을 하시면서 마음이 아프셨을 것입니다. 어떻게 보면 우리의 모습이 이와 같은지도 모릅니다. 생명의 위협 앞에서는 주님에 대한 사랑과 의리를 저버리고 살기 위해서 안간힘을 쓰는 나약한 존재가 인간입니다. 인간은 갈대와 같은 존재라고 했듯이 상황과 환경에 의해 좌우되기 쉬운 존재인 것입니다. 이것이 인생입니다.

의욕만 앞선 제자들

제자들이 모두 주님을 버릴 것이라는 예수님의 말씀은 제자들을 너무나 우습게 여기고 하시는 말씀처럼 보입니다. 베드로가 "다 주를 버릴지라도 나는 언제든지 버리지 않겠나이다"라고 말하고 있습니다. 베드로의 이 고백 속에는 '예수님 날 어떻게 보고 그런 말씀을 하세요? 다른 제자들은 다 버려도 저는 아닙니다. 저를 그렇게 우습게 취급하지 마세요.' 라고 큰 소리치고 있는 것입니다. 베드로는 매사에 의욕이 넘쳤습니다. 그래서 그런지 장담도 잘합니다. 예수님으로부터 얼마나 많은 말씀을 들었습니까? 그리고 전도도 하고 기적의 현장도 눈으로 본 베드로에게 이렇게 얕보는 말씀을 하시다니 참으로 언짢은 생각이 들었을 것입니다.

그러나 실제로는 그의 의욕처럼 이루어지지 않았습니다. 의욕은 앞서지만 실제로는 행하지 못했습니다. 베드로 자신은 예수님을 배반하지 않고 끝까지 따라 갈 수 있다고 생각했습니다. 사실 베드로가 지금 자신을 너무도 모르고 있는 것입니다. 자신을 과대평가하고 있는 것입니다. 나는 남보다 낫다, 다른 사람과는 전혀 다르다, 그러니 특별하게 인정받아야 한다는 생각은 대부분의 사람들의 착각입니다.

베드로도 다른 제자들하고 자신을 똑같이 취급한 것이 못마땅한 것입니다. 자신은 결코 주님을 버리지 않을 것인데 다른 제자들과 똑같이 취급받는다는 사실이 못마땅한 것입니다.

"베드로가 대답하여 이르되 모두 주를 버릴지라도 나는 결코 버리지 않겠나이다 예수께서 이르시되 내가 진실로 네게 이르노니 오늘 밤 닭 울기 전에 네가 세 번 나를 부인하리라 베드로가 이르되 내가 주와 함께 죽을지언정 주를 부인하지 않겠나이다 하고 모든 제자도 그와 같이 말하니라"(33~35절)

여러분은 자신이 다른 사람보다 낫다고 생각하십니까? 비록 내가 다른 사람보다 나은 점이 있을지라도 그리스도인들은 이런 자세를 가지고 살아야 합니다. "아무 일에든지 다툼이나 허영으로 하지 말고 오직 겸손한 마음으로 각각 자기보다 남을 낫게 여기고"(빌 2:3) 잠시 후에 일어날 일에 대한 자신의 반응도 모르고 사는 존재가 사람입니다. 그러므로 우리는 순간 순간 성령님의 도우심을 받아야 합니다. 하나님의 인도하심을 받아야 합니다. 다윗은 하나님께 이런 기도를 자주 드렸습니다. "여호와여 주의 긍휼을 내게서 거두지 마시고 주의 인자와 진리로 나를 항상 보호하소서"(시 40:11) "여호와여 은총을 베푸사 나를 구원하소서 여호와여 속히 나를 도우소서"(시 40:13) "하나님이여 나를 건지소서 여호와여 속히 나를 도우소서"(시 70:1)

겟세마네 동산으로

예수님은 큰 일을 앞두시고는 언제나 기도하셨습니다. 예수님의 일은 바로 기도와 함께 하셨습니다. 그러므로 기도와 일을 떼어 놓을 수 없었습니다. 기도 없이 사역하지 않으신 분이 예수님이셨습니다.

"이에 예수께서 제자들과 함께 겟세마네라 하는 곳에 이르러 제자들에게 이르시되 내가 저기 가서 기도할 동안에 너희는 여기 앉아 있으라 하시고"(36절)

십자가에 달리시기 전에도 예수님은 겟세마네 동산으로 기도하러 가신 것입니다. 세 명의 제자를 데리고 가셨습니다. 그들은 베드로와 세베데의 두 아들 야고보와 요한이었습니다.

"베드로와 세베대의 두 아들을 데리고 가실새 고민하고 슬퍼하사"(마 26:37)

예수님은 인간의 죄를 대신 짊어지시고 십자가에 죽으시기 위해 이 땅에 오셨습니다. 그러나 십자가의 고통이 얼마나 큰 지를 잘 알고 계셨습니다. 그래서 고민하시고 슬퍼하신 것입니다. 예수님은 하나님의 아들이시지만 인간이셨습니다. 인성을 가지고 오신 예수님, 육체로 오신 예수님은 십자가의 고통이 얼마나 큰 지를 너무나 잘 알고 계셨습니다.

마음의 고통을 드러내시는 주님

"이에 말씀하시되 내 마음이 매우 고민하여 죽게 되었으니 너희는 여기 머물러 나와 함께 깨어 있으라 하시고"(38절)

주님의 고통이 얼마나 심하셨는지 알 수가 있습니다. 주님은 "내 마음이 매우 고민하여 죽게 되었다"고 하셨습니다. 주님께서 이렇게 말씀하시는 것은 주님께서 세 제자에게 자신의 고통을 단지 하소연하는 것이 아닙니다. 그들도 십자가의 사역에 동참해 주기를 원하신 것입니다. 이는 함께 십자가에 못박혀 죽자고 한 것이 아닙니다. 단지 지금 자신과 함께 기도해 주기를 원하신 것입니다. 주님은 기도의 동역자로 베드로와 야고보, 요한을 선택하신 것입니다.

주님의 마음을 알아서 함께 기도해 주기를 원하신 것입니다. 누가 주님의 고통을 이해 할 수 있습니까? 친구가 무엇입니까? 자신을 이해해 주는 존재입니다. 부부가 무엇입니까? 이해해 주는 존재입니다. 사람들은 이해 받기를 원합니다. 그러나 중요한 것은 이해해 줄 수 있는 사람이 되어야 합니다. 모두 이해 받기를 원하다 보니 수많은 사람들이 갈라서는 것입니다.

주님은 언제나 우리를 이해해 주셨고, 사랑해 주셨습니다. 그런데 이 십자가의 사역을 앞두고 세 제자가 자신과 함께 기도해주기를 원하셨습니다. 오늘도 주님은 영혼 구원을 위해 기도의 동역자가 되기를 원하십니다. 그리고 주님의 마음을 이해하고 이 귀한 사역에 참여할 자를 찾고 계실 것입니다. 주님의 마음을 가지고 기도의 동역자가 되어야 합니다.

예수님의 기도

예수님의 기도는 하나님의 뜻대로 행동하기를 원하셨습니다.

"조금 나아가사 얼굴을 땅에 대시고 엎드려 기도하여 이르시되 내 아버지여 만일 할 만하시거든 이 잔을 내게서 지나가게 하옵소서 그러나 나의 원대로 마시옵고 아버지의 원대로 하옵소서 하시고"(39절)

십자가의 고통이 너무나 큰 고통이요 치욕이기 때문입니다. 그래서 이 잔을 피하고 싶었습니다. 그러나 아버지의 뜻대로 해 달라는 기도를 하고 있습니다. 이것이 주님의 기도입니다. 우리는 나의 뜻을 이루어 달라고 기도하는 경우가 많습니다.

하나님의 뜻은 생각해보지도 않고 내 뜻만 들어달라고 기도할 때가 많습니다. 예수님은 철저하게 하나님의 뜻이 이루어지기를 기도하고 있는 것입니다. 예수님은 자신의 뜻을 접고 하나님의 뜻대로 이루어지기를 소원하고 있는 것입니다.

예수님은 순종하기 위해 기도하셨던 것입니다. 그리스도인들도 기도해야 합니다. 순종할 수 없는 문제를 요구하실 때 순종하기 위해 기도해야 하는 것입니다. 이미 안 된다고 결론을 내리지 말아야 합니다. 할 수 없는 일을 순종하기 위해 기도해야 합니다.

예수님은 제자들에게 영적인 도움을 청하신 것입니다.

"제자들에게 오사 그 자는 것을 보시고 베드로에게 말씀하시되 너희가 나와 함께 한 시간도 이렇게 깨어 있을 수 없더냐 시험에 들지 않게 깨어 기도하라 마음에는 원이로되 육신이 약하도다 하시고"(40~41절)

기도하는 자리에 그들을 초청한 것입니다. 그리고 예수님께 닥쳐올 엄청난 고통을 알려주시고 이 문제를 함께 나누기를 원하신 것입니다. 주님께서 제자들에게 기도를 부탁하셨듯이 주님은 오늘도 하나님의 뜻을 위해 합심하여 기도하기를 원하십니다. 주님은 우리를 하나님 나라 사역의 파트너로 삼기를 원하십니다. 우리의 기도가 하나님 나라에 큰 도움이 된다는 사실을 알아야 합니다.

"너희는 먼저 그의 나라와 그의 의를 구하라 그리하면 이 모든 것을 너희에게 더하시리라"고 말씀하셨습니다. 영적인 도움을 요청하시는 주님의 도우심을 외면하지 말기를 바랍니다.

그러나 제자들은 예수님을 실망시켜드리고 있습니다. 그들은 기도하기는커녕 잠에 빠진 것입니다. 영혼보다 몸을 편안하게 하는데에 굴복하고 만 것입니다. 육체적으로 피곤하다는 것 때문에 주님의 영적인 도움의 요청에도 계속 잠만 잤던 것입니다. 그들은 잠을 이기지 못했습니다. 잠을 달게 자는 것은 좋은 것입니다. 그러나 기도해야 할 시간까지 잠자는 것은 위험한 일입니다. 성경에는 잠에 대해 여러 곳에서 말씀하고 있습니다.

잠을 즐기는 자는 가난해 질 것이라고 말씀하고 있습니다. "너는 잠자기를 좋아하지 말라 네가 빈궁하게 될까 두려우니라 네 눈을 뜨라 그리하면 양식이 족하리라"(잠 20:13) 그리고 추수할 때 잠자는 자는 부끄러움을 당한다고 했습니다. "추수 때에 자는 자는 부끄러움을 끼치는 아들이니라"(잠 10:5)

그리고 성경에서 잠이 상징하는 것은 영적인 무지(사 56:10), 영적인 무관심(마 25:5), 육신의 죽음 또는 죄 중에 있는 상태를 상징합니다. 잠을 달게 자야 합니다만 기도해야 할 시간에는 일어나야 합니다. 주님께서 우리에게 기도를 요구하실 때, 적극적인 모습으로 일어나야 합니다. 잠에서 깨어납시다.

지속적인 요구

주님은 제자들에게 세 번이나 기도를 요구하셨습니다. 그러나 육체를 이기지 못한 제자들은 기도하지 못했습니다. 주님의 마음을 전혀 모르고 계속해서 졸고 있는 제자들에 대해 지속적으로 기도를 요구하십니다. 이는 기도가 너무나 중요한 사역이라는 사실을 가르치신 것입니다. 그러나 제자들은 무감각했습니다. 제자들이 주님을 위해 할 수 있는 것은 그 당시 오직 기도밖에 없었습니다. 그러나 그들은 기도의 기회를 외면한 것입니다. 한국 교회의 자랑은 기도입니다. 어릴 때 새벽에 교회에 가보면 할머니들과 연세 많으신 분들이 고개를 끄덕이며 기도하셨습니다. 그들은 지식도 없고 힘도 없어 보였습니다. 세상적인 지위도 없었습니다. 그러나 그들은 기도했습니다. 꾸준히 기도한 결과 그래도 오늘날 세계에 선교사를 가장 많이 보내는 나라, 복음화가 그 어떤 나라보다 왕성한 나라가 된 것입니다. 오늘도 주님은 이렇게 말씀하십니다. "기도로 사역하라" "기도로 동참해 다오!"

기도의 때를 놓친 제자들

시간은 잡을 수가 없습니다. 특히 기도해야 할 시간에 기도하지 못하면 다시는 기도할 수 없는 것입니다. 기도하지 않는 제자들을 보며 주님은 참으로 안타까워하십니다.

"다시 오사 보신즉 그들이 자니 이는 그들의 눈이 피곤함일러라 또 그들을 두시고 나아가 세 번째 같은 말씀으로 기도하신 후 이에 제자들에게 오사 이르시되 이제는 자고 쉬라 보라 때가 가까이 왔으니 인자가 죄인의 손에 팔리느니라 일어나라 함께 가자 보라 나를 파는 자가 가까이 왔느니라"(마 26:43~46)

기도의 때를 놓친 제자들에게 "이제는 자고 쉬라" "이제 너희들에게 다시는 내 고난에 함께 동참할 수 있는 기도의 시간은 끝났다"고 말씀하십니다.

만약 그들이 예수님의 고통을 함께 나누며 간절히 기도했다면 그들의 인생은 다르게 전개되었을 것입니다. 이제 그들은 무장 해제된 상태에서 새롭게 다가오는 사건 속으로 들어가고 있습니다. 기도하지 않고 잠자던 제자들에게 주님은 이렇게 말씀하셨습니다. "일어나라 함께 가자 나를 파는 자가 가까이 왔느니라" 그들은 잠이 덜 깬 상태에서 예수님께 다가올 엄청난 사건 속으로 다가가고 있는 것입니다.

에베소서 6:10~18에서 기도의 중요성을 알 수 있습니다. 전신 갑주를 입어야 전쟁에서 승리할 수 있습니다. 진리의 허리 띠, 의의 흉배, 복음의 예비한 신발, 구원의 투구, 성령의 검과 믿음의 방패도 있어야 합니다. 이것으로 모든 것이 끝나면 얼마나 좋겠습니까?

그런데 18절에서 "모든 기도와 간구로 하되 무시로 성령 안에서 기도하고 이를 위하여 깨어 구하기를 항상 힘쓰며 여러 성도를 위하여 구하고"라고 말씀하십니다. 모든 것이 다 구비되어도 기도가 없다면 힘을 쓸 수가 없습니다. 모든 무장은 했지만 힘없는 군사가 될 수밖에 없는 것입니다. 집을 지었지만 보일러가 없다면 그런 집에서 겨울을 지낼 수가 없습니다.

3년 동안 제자훈련을 받은 제자들, 그것도 수제자인 베드로와 특별히 사랑하시는 두 제자 야고보와 요한에게 그렇게 원하셨던 것이 기도입니다. 기도의 동역자가 되기를 원하신 것입니다. 기도의 때를 놓친 제자들은 새로운 시험이 기다리는 곳을 향해 처량한 모습으로 가고 있는 것입니다. 용사의 모습이 아니라 잠에서 덜 깬 세 제자가 영적인 전쟁을 하러 가고 있는 것입니다.

오늘도 주님은 기도의 장소로 초청하십니다. 그곳은 주님의 사역에 참여하는 사역의 장소요, 주님과 마음을 합해서 동역하는 장소요, 주님을 기쁘시게 해 드리는 장소입니다. 그리고 또 다른 사역을 위해 새로운 힘을 공급받는 장소입니다. 오늘도 주님은 우리에게 이렇게 말씀하십니다.

"이에 말씀하시되 내 마음이 매우 고민하여 죽게 되었으니 너희는 여기 머물러 나와 함께 깨어 있으라 하시고"(마 26:38)

"시험에 들지 않게 깨어 기도하라 마음에는 원이로되 육신이 약하도다 하시고"(마 26:41)

잠에서 덜 깬 상태로 걸어간 베드로는 육적인 모습을 보일 수밖에 없었습니다. 예수님께서 군사들에게 잡히시자 칼을 빼들고 설쳤습니다. 군사들에게 잡히신 예수님을 멀찍이 떨어져서 따라갈 수밖에 없었습니다. 그리고 예수님을 세 번이나 부인하고 말았습니다.

오늘 주님은 여러분을 기도의 장소로 초청하고 계십니다. "시험에 들지 않게 깨어 있어 기도하라" 기도로 주님의 사역에 동역자로 쓰임받으시기 바랍니다.

예수님의 예루살렘 입성

마태복음 21:1~11

1 그들이 예루살렘에 가까이 가서 감람 산 벳바게에 이르렀을 때에 예수께서 두 제자를 보내시며
2 이르시되 너희는 맞은편 마을로 가라 그리하면 곧 매인 나귀와 나귀 새끼가 함께 있는 것을 보리니 풀어 내게로 끌고 오라
3 만일 누가 무슨 말을 하거든 주가 쓰시겠다 하라 그리하면 즉시 보내리라 하시니
4 이는 선지자를 통하여 하신 말씀을 이루려 하심이라 일렀으되
5 시온 딸에게 이르기를 네 왕이 네게 임하나니 그는 겸손하여 나귀, 곧 멍에 메는 짐승의 새끼를 탔도다 하라 하였느니라
6 제자들이 가서 예수께서 명하신 대로 하여
7 나귀와 나귀 새끼를 끌고 와서 자기들의 겉옷을 그 위에 얹으매 예수께서 그 위에 타시니
8 무리의 대다수는 그들의 겉옷을 길에 펴고 다른 이들은 나뭇가지를 베어 길에 펴고
9 앞에서 가고 뒤에서 따르는 무리가 소리 높여 이르되 호산나 다윗의 자손이여 찬송하리로다 주의 이름으로 오시는 이여 가장 높은 곳에서 호산나 하더라
10 예수께서 예루살렘에 들어가시니 온 성이 소동하여 이르되 이는 누구냐 하거늘
11 무리가 이르되 갈릴리 나사렛에서 나온 선지자 예수라 하니라

예수님의 예루살렘 입성

예수님께서 십자가에 죽으시기 위해 예루살렘에 입성하시는 것을 기념하기 위해 부활주일 전 주일을 종려주일로 지킵니다. 이는 예수님께서 입성하실 때 군중들이 자기들의 겉옷을 길에 펴고 종려나무 잎사귀를 길에 펴면서 "호산나! 다윗의 자손이여!" 하면서 환호성을 지른 것을 기념하는 것에서 유래하여 종려주일로 지키는 것입니다. 이 사실에 대해 요한복음 12:12~13에서 더욱 구체적으로 말씀하고 있습니다.

"그 이튿날에는 명절에 온 큰 무리가 예수께서 예루살렘으로 오신다는 것을 듣고 종려나무 가지를 가지고 맞으러 나가 외치되 호산나 찬송하리로다 주의 이름으로 오시는 이 곧 이스라엘의 왕이시여 하더라"(요 12:12~13)

종려나무는 1년에 30cm정도 자라는데 50년 동안 꾸준히 자라다가 그 이후부터는 성장속도가 둔화된다고 합니다. 키가 20m나 되는 종려나무는 100년 정도 된 것이라고 합니다.

예수님의 예루살렘 입성의 두 가지 견해

예수님께서 예루살렘에 입성하실 때 예루살렘 사람들이 예수님의 입성을 바라보는 견해는 예수님의 뜻과 정반대였습니다. 이것은 오늘날 주님께서 피로 값주고 세우신 교회와 성도들이 주님의 의도와는 정반대로 갈 수도 있다는 사실을 보여 줍니다.

예수님은 인간의 죄 문제를 해결해 주시고자 십자가에 달리시기 위해 예루살렘으로 입성하고 계십니다. 그런데 예루살렘 사람들은 자신들의 개인적인 욕심을 채워 줄 분으로 오해하고 있는 것입니다.
요즘 많은 사람들이 자신의 욕심을 채우기 위해 노력합니다. 그 일을 위해 다투고 남을 죽이기까지 하는 것입니다. 조금 양보하면 될 일을 양보하지 못해서 상대방을 죽음에까지 이르게 하는 것이 이 세상입니다. 예루살렘 사람들은 예수님을 향해 "호산나"(이제 우리를 구원하소서 - 시 118:25)라고 외치고 있습니다. 신약성경에서는 "호산나"라는 말을 6번 사용하는데 이 말을 사용하는 사람들의 의도는 하나님의 도우심을 원하는 간구의 성격보다는 환호하는 소리로 사용되었다고 합니다. 이것은 오늘날 예수 믿는 사람들 속에서도 찾아볼 수 있습니다. 십자가를 향해 가시는 예수님의 목적과는 달리 예루살렘 사람들은 자신들의 정치적인 목적을 채우기 위해서 예수님을 열렬히 환영하고 있는 것입니다. 자신들의 겉옷과 종려나무 잎을 길가에 깔았습니다. 정말 예수님을 그들의 영웅처럼 영접하고 있는 것입니다. 그러나 그들은 얼마가지 않아서 예수님을 십자가에 못 박으라고 고함을 치는 폭도로 돌변하게 됩니다. 순한 양처럼 보이던 예루살렘 백성들이 이리떼처럼 변한 것입니다.

마태복음 27:21~26에서는 이 사실을 잘 기록하고 있습니다. 이것이 일반적인 사람들의 모습입니다. 그 당시 예루살렘에는 유월절을 위해 찾은 순례자와 함께 적어도 200~300만명이 있었을 것입니다. 예수님께서 예루살렘에 들어가신 것에 대해 온 백성이 소동하였습니다. 그만큼 예수님의 입성은 대단한 사건이었던 것입니다.

예수님은 자신의 입성하시는 모습을 통해 자신의 의도를 나타내기를 원하셨습니다.

"시온 딸에게 이르기를 네 왕이 네게 임하나니 그는 겸손하여 나귀, 곧 멍에 메는 짐승의 새끼를 탔도다 하라 하였느니라"(마 21:5)

여기서 왕으로 오시는 메시야이신 예수님은 겸손하신 분이며 멍에를 메는 짐승인 나귀 새끼를 타심으로 무거운 짐을 지고 가실 예수님의 고난을 미리 알려주고 계신 것입니다.

겸손

예수님은 겸손하신 분이십니다. 예수님은 하늘의 영광스런 보좌를 버리시고 이 땅에 오셔서 낮고 천한 인간의 모습으로 온갖 멸시와 조롱을 받으셨습니다. 하나님께서 인간이 되신 것만으로도 겸손하신 분이십니다.

이 세상을 창조하신 하나님께서 인간의 몸을 입고 인간으로 오셨습니다. 예수님은 스스로 인간이 되셨습니다. 이 세상 사람들은 신분 상승을 꾀하며 명예와 감투를 좋아합니다. 작은 단체의 회장이 되어도 어깨에 힘이 주어지는 세상입니다. 예수님께서 세상 사람들을 초청하시면서 하신 말씀이 있습니다.

"수고하고 무거운 짐 진 자들아 다 내게로 오라 내가 너희를 쉬게 하리라 나는 마음이 온유하고 겸손하니 나의 멍에를 메고 내게 배우라 그리하면 너희 마음이 쉼을 얻으리니"(마 11:28~29)

겸손한 모습으로 살면 마음의 쉼이 있습니다. 낮아진 자의 모습으로 살려고 하는데 무슨 욕심이 있고, 무슨 다툼이 있겠습니까? 그러나 높아지기를 원하고 인정받기를 원하면 마음의 쉼을 얻을 수 없습니다. 언제나 불안하고 초조합니다.

겸손한 자의 모습으로 오신 예수님을 우리는 닮아가야 합니다

예수님은 모든 것을 포기하셨습니다

생명까지 포기하셨습니다. 생명을 주기로 작정하신 분이 무엇이 아깝겠습니까? 그러므로 예수님은 손해를 보시기로 작정하고 이 땅에 오신 것입니다. 우리는 어떠합니까? 조금이라도 손해를 보면 큰일이 나는 것처럼 생각하지 않습니까? 요즘 자신의 이익이나 권익을 위해 많은 단체들이 생겼습니다. 자신들의 이익과 권리를 주장하기 시작하면 본질에서 이탈하게 됩니다. 본분에서 이탈하게 되는 것입니다. 그리고 분열하여 투쟁하고 상대방을 비방하고 결국에는 모두 망하게 되는 것입니다.

그러므로 그리스도인들은 손해보는 것에 너무 민감하게 반응하지 말아야 합니다. 포기하게 되면 마음이 편안해집니다. 그러나 소유를 목적으로 살기 시작하면 그때부터는 온갖 고통과 염려가 진드기처럼 달라붙기 시작하는 것입니다.

겸손은 예수님처럼 사는 것입니다

예수님은 자신을 닮은 자를 좋아하십니다. 예수님처럼 사는 모습 중에 하나가 바로 겸손입니다. 사람들은 자꾸 높아지고 인정받고 싶은 마음이 있습니다. 하나님은 겸손한 자에게는 은혜를 주십니다. 그러나 교만한 자는 대적하시고 망하게 하십니다.

"그러나 더욱 큰 은혜를 주시나니 그러므로 일렀으되 하나님이

교만한 자를 물리치시고 겸손한 자에게 은혜를 주신다 하였느니라"(약 4:6)

영국의 유명한 구약학자 글래스고 신학 교수와 에버딘 대학장을 역임한 아담 스미스 목사가 바이슨이라는 산의 정상에 올라가서 보니 너무나 좋아서 기뻐하고 있을 때 저편에서 심한 바람이 갑자기 불어왔습니다. 그때 함께 간 분이 외쳤습니다. "목사님 빨리 무릎을 꿇으세요!"

우리는 높은 자리에 올랐을 때, 모든 일이 잘 되고 있을 때, 더욱 겸손하게 하나님께 무릎을 꿇어야 합니다.

인도에 복음을 전한 영국 선교사 윌리암 케리의 비문에는 이렇게 적혀 있다고 합니다.

'1761년생, 죄 많고 약하고 능력없는 벌레인 나는 하나님의 거룩하신 손에 기대어 잠드나이다.' 윌리암 케리는 "나는 벌레같은 존재다"라는 겸손한 생각을 품고 평생을 살았던 것입니다. 겸손한 삶은 정말 위대한 삶입니다. 예수님처럼 사는 것이기 때문입니다.

멍에를 지신 예수님

예수님은 이 세상 사람들의 멍에를 대신 지시기 위해 오셨습니다. 예수님께서 예루살렘에 입성하시기 직전에 어떤 일이 일어났는지 알고 계십니까? 야고보와 요한의 어머니가 예수님의 예루살렘 입성 소식을 듣고 예수님을 찾아와서 두 아들 중 하나는 예수님 우편에 또 다른 하나는 예수님 좌편에 앉혀달라고 부탁합니다. 요즘 말하면 청탁을 한 것입니다. 이 광경을 보고 있던 다른 제자들이 분하게 여깁니다. 두 형제를 괘씸하게 생각한 것입니다.

이것이 세상의 모습이요 세상적으로 닮아가려는 교회의 모습이 될 수 있습니다. 이 모습은 오늘날 교회 안에서도 똑같이 재현되고 있습니다. 서로 높아지고 인정받으려는 모습입니다. 그 결과 서로 미워하고 다투는 모습을 우리는 너무나 많이 볼 수 있습니다. 예수님은 이런 제자들에게 말씀하셨습니다.

"인자가 온 것은 섬김을 받으려 함이 아니라 도리어 섬기려 하고 자기 목숨을 많은 사람의 대속물로 주려 함이니라"(마 20:28)

예수님은 바로 섬김을 말씀하신 것입니다. 예수님은 섬김을 받기 위해서 오신 것이 아니라 섬기기 위해 오셨다고 하셨습니다. 예수님은 이 말씀 가운데 두 가지를 말씀하고 계십니다. 자신이 섬기기 위해 오셨기 때문에 너희도 섬김의 삶을 살라는 것입니다. 그리스도인들은 섬기기 위해 부르심을 받았다는 것을 말씀하고 계신 것입니다.

교회에서 좀 오래 신앙 생활하고 직분자가 되었다고 해서 섬기는 것보다 부리기를 좋아하고 주장하기를 좋아해서는 안 됩니다. 과거에 교회에서 회의를 하다보면 내가 어떻게 섬길 것인가에 대해 말하는 사람은 거의 보지를 못했습니다. 권리를 주장하고 어떻게 하면 자기나 자기 부서에 유리하도록 결정할 것인가에 대해 논쟁이나 일삼는 것이 대부분이었습니다.

그리스도인들의 회의는 달라야 합니다. 내가 무엇을 요구하기 전에 내가 이렇게 섬기겠다는 자세를 가져야 교회 회의에 참석할 자격이 있는 것입니다. 어려운 문제를 앞에 두고 어떻게 섬길 것인가를 생각하면 문제는 금방 해결됩니다. 복음이 전파된 것은 섬기는 자들 때문이었습니다. 기독교 역사상 최고의 전도자 사도 바울은 사역의 열쇠가 바로 종의 태도라고 합니다.

"그러므로 때가 이르기 전 곧 주께서 오시기까지 아무 것도 판단하지 말라 그가 어둠에 감추인 것들을 드러내고 마음의 뜻을 나타내시리니 그 때에 각 사람에게 하나님으로부터 칭찬이 있으리라"(고전 4:5)

섬기는 자가 복음을 가장 잘 전합니다. 사도 바울은 자신이 성공적인 복음 전파의 결과를 얻을 수 있었던 이유를 이렇게 말하고 있습니다.

"내가 모든 사람에게서 자유로우나 스스로 모든 사람에게 종이 된 것은 더 많은 사람을 얻고자 함이라"(고전 9:19)

섬기지 않으면 영적으로 성장하지 않습니다. 섬기지 않으면 영적인 안일과 침체에 빠지게 됩니다. 그리고 자기중심적인 고독 속에 빠지게 되고 실망과 교만속에서 살게 됩니다. 섬김의 삶은 예수님을 받아들이는 것입니다. 섬김의 삶을 산다는 것은 예수님의 생활 방식과 태도를 받아들인다는 것입니다.

섬김의 원리

섬김은 무조건 하는 것이 아니라 섬김의 원리에 따라서 해야 합니다. 봉사를 잘 하다가 어느 날 갑자기 그만 두거나 마음이 상했다고 말하는 사람을 볼 수 있습니다. 이것은 섬김의 원리를 모르고 단지 열심만 가지고 일했기 때문입니다. 섬김 중에 가장 위험한 것이 자신의 만족을 위한 섬김입니다. 이런 섬김은 좋은 결과를 얻을 수 없습니다. 이런 섬김은 다툼이나 원망으로 끝날 수밖에 없는 것입니다.

사도 바울은 이런 이유 때문에 빌립보 교회 성도들에게 섬김의 원리를 말씀하고 있습니다.

"아무 일에든지 다툼이나 허영으로 하지 말고 오직 겸손한 마음으로 각각 자기보다 남을 낫게 여기고 각각 자기 일을 돌볼뿐더러 또한 각각 다른 사람들의 일을 돌보아 나의 기쁨을 충만하게 하라" (빌 2:3~4)

종의 특성

레이후가 지은 '섬김을 위한 부르심'이란 책을 보면 종의 특성을 세 가지로 말하고 있습니다.

첫째, 종의 특성은 자기의 이익보다는 다른 사람의 이익을 존중합니다

요즘 세상에서 일어나고 있는 자신의 이익을 위해서는 다른 사람을 매장하고 폭력을 행사하는 일까지도 서슴지 않는 모습과는 정반대입니다. 종은 다른 사람을 보며 섬길 가치가 있다고 생각하는 것입니다. 그러므로 섬기면서 당신을 섬기는 것이 특권이라고 생각하는 것입니다.

둘째, 종은 자신의 권리를 포기합니다

예수님께서 자신의 권리를 포기하셨기 때문입니다.

"너희 안에 이 마음을 품으라 곧 그리스도 예수의 마음이니 그는 근본 하나님의 본체시나 하나님과 동등됨을 취할 것으로 여기지 아니하시고 오히려 자기를 비워 종의 형체를 가지사 사람들과 같이 되셨고"(빌 2:5~7)

사실 하나님 나라에서 종은 숨은 공로자와 같은 자들입니다. 한 사람의 스타가 생기면 스타의 그늘에 가려져 봉사한 자들이 화제의 인물이 됩니다. 이처럼 종은 숨은 봉사자인 것입니다. 그러나 바로 그들이 세계를 놀라게 하고 변화시킨 것입니다.

셋째, 종은 치루어야 할 대가를 치룹니다

종은 권리를 포기합니다. 힘든 일과 수모 그리고 희생을 각오하는 것입니다. 간혹 열심히 봉사하고 남이 인정해주지 않거나 무시를 당하게 되면 차라리 봉사를 하지 않았으면 좋았을 것 같은 문제를 일으키는 사람들이 있습니다. 이는 종이 치러야 할 대가를 기억하지 않았기 때문입니다. 이것 때문에 주님께서 하신 말씀이 있습니다.

"이와 같이 너희도 명령 받은 것을 다 행한 후에 이르기를 우리는 무익한 종이라 우리가 하여야 할 일을 한 것뿐이라 할지니라"(눅 17:10)

섬김의 하이라이트, 대속물

예수님은 보통으로 섬기신 것이 아니라 목숨을 주셨습니다. 단지 한 사람을 위해 목숨을 주신 것이 아니라 이 세상 사람들의 죄를 대신 지고 가신 대속물이 되신 것입니다.

"인자가 온 것은 섬김을 받으려 함이 아니라 도리어 섬기려 하고 자기 목숨을 많은 사람의 대속물로 주려 함이니라"(마 20:28)

여기서 대속물은 최고의 헌신이며 섬김입니다. 대속물이란 헬라어 '뤼트론'이라는 말로 '해방하다, 결박을 풀다'란 뜻에서 유래된 말입니다. 이 말의 본 뜻은 노예를 사서 자유롭게 해 주는 '속전' 이란 뜻입니다.

영국왕 에드워드 3세가 프랑스와 싸워서 기리항시를 점령하고 '시민 전체를 사형에 처한다'고 공고하였습니다. 온 시민이 불안에 떨고 있을 때, 다시 한 번 공고문이 나왔습니다. '6명의 인격자가 대신 죽을 수만 있으면 시민들은 살려 주겠다'는 내용이었습니다. 이 공고문이 나오자, 프랑스 사령관 피레아와 그 부하 다섯이 자원하여 죽음을 맞았고 기리항시의 모든 백성은 전부 살게 되었다고 합니다. 이것이 대속입니다.

예수님은 십자가에서 죄로 인해 사망의 노예가 될 수밖에 없는 사람들을 구원해 주시기 위해 대신 제물이 되신 것입니다. 인간의 죄를 대신 짊어지시고 비참하게 십자가에 죽으심으로 고난받는 종의 모습으로 일생을 마감하신 것입니다.

예수님은 대속물이 되시기 위해 말할 수 없는 수치와 모욕을 당하셨습니다. 대속물이 된 것은 최고의 희생이요 사랑입니다.

"그는 실로 우리의 질고를 지고 우리의 슬픔을 당하였거늘 우리는 생각하기를 그는 징벌을 받아 하나님께 맞으며 고난을 당한다 하였노라"(사 53:4)

예수님이 대속물이 되셨기에 우리는 죄로부터 자유함을 얻게 되었습니다.

"주는 영이시니 주의 영이 계신 곳에는 자유가 있느니라"(고후

3:17)

　오늘날 교회와 성도들이 추구하는 것과 주님의 견해는 같아야 합니다. 주님께서 살아가신 삶을 우리도 살아가도록 노력해야 합니다. 주님은 우리를 죄악의 영원한 고통으로부터 구원해 주시기 위해서 겸손의 삶을 사셨고 섬김의 삶을 사셨습니다. 십자가에서 우리 죄를 대신해서 죽으신 주님의 사랑을 마음에 품고 이 세상을 주님께로 인도하는 자들이 됩시다. 주님께서 우리를 부르신 것은 구원받는 축복과 함께 섬김의 특권도 함께 누리도록 하기 위함입니다. 주님은 우리를 섬겨 주셨습니다. 우리 모두 섬기는 자리로 나아가서 겸손과 섬김의 축복을 소유합시다.

겟세마네 기도

누가복음 22:39~46

39 예수께서 나가사 습관을 따라 감람 산에 가시매 제자들도 따라갔더니
40 그 곳에 이르러 그들에게 이르시되 유혹에 빠지지 않게 기도하라 하시고
41 그들을 떠나 돌 던질 만큼 가서 무릎을 꿇고 기도하여
42 이르시되 아버지여 만일 아버지의 뜻이거든 이 잔을 내게서 옮기시옵소서 그러나 내 원대로 마시옵고 아버지의 원대로 되기를 원하나이다 하시니
43 천사가 하늘로부터 예수께 나타나 힘을 더하더라
44 예수께서 힘쓰고 애써 더욱 간절히 기도하시니 땀이 땅에 떨어지는 핏방울 같이 되더라
45 기도 후에 일어나 제자들에게 가서 슬픔으로 인하여 잠든 것을 보시고
46 이르시되 어찌하여 자느냐 시험에 들지 않게 일어나 기도하라 하시니라

겟세마네 기도

예수님의 습관

예수님에게는 습관이 있었습니다. 그것은 바로 기도의 습관이었습니다. 감람산에서 기도하신 것은 일상적인 일이었습니다. 기도하는 습관은 참 좋은 습관입니다. 바로 예수님께서 가지신 습관이기 때문입니다. 기도의 장소를 즐겨 찾는 것이야말로 가장 좋은 습관인 것입니다. 사실 감람산은 평소에는 기도의 장소였지만 지금은 상황이 다릅니다. 감람산에서 체포될 것이기 때문입니다. 그럼에도 예수님은 평소에 찾던 기도의 장소를 그대로 찾으신 것입니다.

예수님은 십자가의 위험이 다가오자 특별히 기도하신 것이 아닙니다. 습관을 따라 기도하셨다고 하셨습니다. 특별할 때도 기도해야 하겠지만 예수님처럼 기도의 습관을 가지고 있어야 합니다. 다니엘은 바벨론에 잡혀가서도 하루에 세 번씩 기도했습니다. 기도하면 사자굴 속에 들어가는 것을 알면서도 기도했습니다. 기도의 시간만큼은 결코 양보하지 않은 것입니다.

사역의 완성

예수님은 이 곳 감람산에서 체포될 것을 아셨습니다. 그럼에도 자신의 몸을 죄인들을 위한 대속물로 주시기 위해 나오신 것입니다. 예수님은 이 세상에서의 사역의 완성을 기도로 마무리 하고 계신 것입니다. 기도하신 후에 예수님은 체포되십니다.

제자들에게 기도를 부탁하시는 예수님

"그 곳에 이르러 그들에게 이르시되 유혹에 빠지지 않게 기도하라 하시고"(40절)

예수님은 제자들에게 기도를 부탁하고 계십니다. 예수님이 체포되신 후에 다가올 신앙의 위기에 대해 기도로 준비하라고 말씀하신 것입니다. 기도는 다가올 신앙의 위기를 이길 수 있습니다. 그러나 기도하지 않으면 무방비 상태로 그 일을 맞을 수밖에 없는 것입니다.

아버지와의 일대일 대화

"그들을 떠나 돌 던질 만큼 가서 무릎을 꿇고 기도하여"(41절)

마태와 마가복음에는 예수님께서 세 명의 제자들과 조금 떨어진 곳에서 기도하였다고 했습니다. 예수님은 하나님과 일대일 기도를 원하셨던 것입니다. 그러나 제자들은 예수님의 기도를 들을 수 있었을 것이고 이로 인해 그들은 성경을 기록할 수 있었을 것입니다.

아버지의 뜻은 이루어져야 합니다

"이르시되 아버지여 만일 아버지의 뜻이거든 이 잔을 내게서 옮기시옵소서 그러나 내 원대로 마시옵고 아버지의 원대로 되기를 원하나이다 하시니"(42절)

예수님은 사역하시면서 가장 중요하게 생각하신 것은 바로 아버지의 뜻은 이루어져야 한다는 것이었습니다. 아버지의 뜻을 이루시기 위해 3년간의 공생애 기간의 사역에 최선을 다하셨습니다. 그리고 지금은 아버지의 뜻을 이루기 위해 당해야 하는 십자가의 고난을 앞두고 말할 수 없는 인간적인 고뇌와 고통을 놓고 기도하고 계신 것입니다. 그러나 예수님은 그 고통 가운데서도 아버지의 뜻이 이루어지기를 원하고 계십니다. 우리도 하나님의 일을 할 때 중요한 문제는 바로 이것입니다. 아버지의 뜻을 이루어 드리는 것입니다. 내 욕심, 내 비전이 아니라 주님의 뜻, 주님의 비전을 이루어 드려야 하는 것입니다.

십자가로 가까이 갈 수 있는 사람은 기도의 사람

십자가는 참으로 고통스러운 장소입니다. 주님이 주시는 십자가를 질 수 있는 사람은 기도하는 사람입니다. 기도하지 못한 베드로는 십자가로 가까이 갈 수 없었습니다. 기도하지 않던 제자들은 십자가로부터 멀찍이 서 있을 수밖에 없었습니다. 신앙생활 중에 십자가로 가까이 가야 할 때도 있고 십자가를 져야 할 때도 있습니다. 그때에 기도하지 않으면 십자가를 등지고 도망을 칠 수밖에 없는 것입니다. 영광의 십자가에 아무라도 갈 수 없는 것입니다. 기도의 사람이 나아갈 수 있습니다.

사자의 도움

"천사가 하늘로부터 예수께 나타나 힘을 더하더라"(43절)

예수님의 고난을 앞둔 기도의 결과를 보여주는 말씀입니다. 주님은 고난을 감당할 수 있는 힘을 구했습니다. 하나님께서는 십자가의 고난을 잘 감당할 수 있도록 도와주신 것입니다. 이처럼 기도는 하나님의 도우심을 받게 됩니다. 십자가의 고통도 이길 수 있는 힘을 얻은 것입니다.

생명을 건 기도

"예수께서 힘쓰고 애써 더욱 간절히 기도하시니 땀이 땅에 떨어

지는 핏방울 같이 되더라"(44절)

예수님께서는 핏방울이 떨어지는 것처럼 생명을 건 기도를 하셨습니다.

마퀴스 티렌티라는 분은 하나님과의 대화를 누구보다도 귀하게 여긴 분입니다. 하루는 일하는 소년에게 30분 후에 볼 일이 있으니 그때 불러 달라고 말하고 기도하는 골방으로 들어갔습니다. 30분 후에 가서 보니 너무 진지하게 기도하는 모습을 보고 부를 수가 없었습니다. 3시간 30분이 지난 후에 하는 수 없이 티렌티를 불렀을 때, "벌써 30분이 지났니?"라고 말했습니다. 1시간 아니 10분이라도 시간을 잊을 만큼 진지하게 기도할 수 있다면 이런 자는 행복한 자인 것입니다.

슬픔으로 인해 잠든 제자들

"기도 후에 일어나 제자들에게 가서 슬픔으로 인하여 잠든 것을 보시고 이르시되 어찌하여 자느냐 시험에 들지 않게 일어나 기도하라 하시니라"(45~46절)

제자들은 예수님의 기도를 들었을 것입니다. 예수님의 고난을 알았을 것입니다. 그러나 그들은 기도하지 못했습니다. 슬퍼했지만 기도하지 못하고 안타까워 할 뿐이었습니다. 제자들은 인간적인 두려움과 절망감에서 근심했습니다. 그러니 기도가 되지 않았습니다.

아마 그들도 답답했는지도 모릅니다.

 기도해야 함을 알면서도 기도하지 못하는 안타까움을 여러분 자신도 가지고 있을 것입니다. 오늘 이 시간 결단하여 기도의 습관을 가져야 합니다. 기도로 사역을 마무리하신 주님처럼 기도로 끝맺는 인생이 되도록 합시다. 인간적인 고난을 기도로 이깁시다.

 고난 중에도 생명을 건 기도를 하신 예수님처럼 어떤 상황에서도 기도하는 습관을 가집시다. 구체적으로 실천합시다. 주님의 책망을 받고서도 기도하지 못하는 제자들의 안타까움이 바로 내 문제임을 알고 하나님의 뜻이 이루어지도록 기도합시다.

십자가의 은혜를 품고

누가복음 23:33~43

33 해골이라 하는 곳에 이르러 거기서 예수를 십자가에 못 박고 두 행악자도 그렇게 하니 하나는 우편에, 하나는 좌편에 있더라
34 이에 예수께서 이르시되 아버지 저들을 사하여 주옵소서 자기들이 하는 것을 알지 못함이니이다 하시더라 그들이 그의 옷을 나눠 제비 뽑을새
35 백성은 서서 구경하는데 관리들은 비웃어 이르되 저가 남을 구원하였으니 만일 하나님이 택하신 자 그리스도이면 자신도 구원할지어다 하고
36 군인들도 희롱하면서 나아와 신 포도주를 주며
37 이르되 네가 만일 유대인의 왕이면 네가 너를 구원하라 하더라
38 그의 위에 이는 유대인의 왕이라 쓴 패가 있더라
39 달린 행악자 중 하나는 비방하여 이르되 네가 그리스도가 아니냐 너와 우리를 구원하라 하되
40 하나는 그 사람을 꾸짖어 이르되 네가 동일한 정죄를 받고서도 하나님을 두려워하지 아니하느냐
41 우리는 우리가 행한 일에 상당한 보응을 받는 것이니 이에 당연하거니와 이 사람이 행한 것은 옳지 않은 것이 없느니라 하고
42 이르되 예수여 당신의 나라에 임하실 때에 나를 기억하소서 하니
43 예수께서 이르시되 내가 진실로 네게 이르노니 오늘 네가 나와 함께 낙원에 있으리라 하시니라

십자가의 은혜를 품고

네덜란드의 유명한 화가인 렘브란트는 예수님의 십자가 처형 장면을 그림으로 그렸습니다. 잔혹한 십자가 위에서 이루 말할 수 없는 고통으로 몸부림치는 예수님을 생생하게 묘사했습니다. 그리고 십자가 주위의 사람들에 대해서도 독특한 표정으로 표현했습니다. 그리고 렘브란트 자신도 그림 속에 넣었습니다. 구경꾼들 속에 섞여 한쪽 어두운 구석에 있는 자신의 모습을 그렸습니다. 렘브란트는 그 그림 속에서 이렇게 말하고 싶었습니다. "나도 그 자리에 있었어요!" 이처럼 오늘 우리도 예수님의 십자가 현장으로 달려갑시다. 그리고 렘브란트처럼 십자가 밑에서 예수님을 바라보도록 합시다.

십자가의 고통

예수님은 십자가에서 고통을 당하셨습니다.

"해골이라 하는 곳에 이르러 거기서 예수를 십자가에 못 박고 두

행악자도 그렇게 하니 하나는 우편에, 하나는 좌편에 있더라"(33절)

십자가는 인간이 감당할 수 없는 최고의 고통이었습니다. 예수님은 모든 사람을 구원하기 위해 십자가에서 죽으셨습니다. 자신의 죄 때문에 죽으신 것이 아니라 모든 인류의 죄를 대신 짊어지신 죽음이었습니다.

우리는 십자가형이 얼마나 끔찍하지 추측할 뿐입니다. 예수님 동시대 사람들에게서 발견된 쇠못은 18cm나 된다고 합니다. 못박힌 부위는 손목으로, 중추신경이 지나가는 곳으로 신경이 파괴되는 곳입니다. 그 고통은 벤치로 비틀어 으깨는 고통을 느낀다고 합니다. 발에는 복숭아뼈 바로 아래에 쇠못을 박아 처형하는 극형이었습니다. 십자가에 못 박히면 팔에 힘이 빠지고 근육에 엄청난 경련이 일어나는데 너무나 큰 고통 때문에 근육이 굳어진다고 합니다. 몸이 팔에 매달리는 형태가 되기 때문에 가슴과 늑간의 근육이 마비되므로 공기가 폐로 들어올 수는 있지만 나갈 수는 없게 되고 한번이라도 숨을 내쉬기 위해 몸을 위로 올리는 사투를 하게 된다고 합니다. 결국 이산화탄소가 폐와 혈액속에 고이게 되어 뇌와 가슴에 피공급이 끊기에 되면 못 박힌 발에 힘을 주게 되는데 그 고통은 온 몸을 망치로 내려치는 것과 같은 아픔을 맛보게 되는 것입니다. 사형수는 온 몸의 체중으로 팔이 10cm 정도 늘어나고 어깨가 탈골되며 숨이 막혀 죽게 됩니다.

죄의 결과

십자가의 고통은 죄의 끔찍한 결과를 미리 보여 주신 것입니다. 십자가의 죽음을 통해 죄가 얼마나 무서운 것인가를 보여 주신 것입니다. 죄의 결과는 인간에게 최고의 고통입니다. 그래서 하나님은 어떻게 해서든 죄로부터 구원해 주시기 위해 모든 노력을 다하셨습니다. 예수님을 보내셔서 다시는 죄의 종이 되지 못하도록 하신 것입니다.

"우리가 알거니와 우리의 옛 사람이 예수와 함께 십자가에 못 박힌 것은 죄의 몸이 죽어 다시는 우리가 죄에게 종 노릇 하지 아니하려 함이니"(롬 6:6)

하나님의 사랑

십자가는 한편으로는 인간의 죄를 대신 짊어져주신 주님의 사랑이 얼마나 큰가를 보여 주신 것입니다. 십자가가 없었다면 인간은 영원히 죄의 종노릇을 할 수밖에 없는 것입니다. 예수님의 십자가의 죽으심은 바로 우리가 그 십자가에 죽은 것과 같은 것입니다. 감사하게도 예수님께서 대신 죽으셨습니다.

"하나님이 세상을 이처럼 사랑하사 독생자를 주셨으니 이는 그를 믿는 자마다 멸망하지 않고 영생을 얻게 하려 하심이라"(요 3:16)

우리는 십자가를 통해 하나님의 사랑을 볼 수 있고 죄로부터 벗어나게 되는 영원한 자유를 얻게 된 것입니다. 예수님은 십자가 위에서 피를 흘리시며 창자가 끊어지는 것보다 더한 고통을 당하셨습니다. 사도 바울은 십자가의 사랑을 언제나 간직하고 살았습니다. 십자가의 사랑으로 사역하고 십자가의 사랑으로 복음을 전한 것입니다. 사도 바울의 사역의 힘은 십자가를 통해서 나온 것입니다. 십자가만 생각하면 나같은 죄인을 구해주신 것 때문에 흥분이 되고 감사가 나왔습니다.

"내가 너희 중에서 예수 그리스도와 그가 십자가에 못 박히신 것 외에는 아무 것도 알지 아니하기로 작정하였음이라"(고전 2:2)

"내가 그리스도와 함께 십자가에 못 박혔나니 그런즉 이제는 내가 사는 것이 아니요 오직 내 안에 그리스도께서 사시는 것이라 이제 내가 육체 가운데 사는 것은 나를 사랑하사 나를 위하여 자기 자신을 버리신 하나님의 아들을 믿는 믿음 안에서 사는 것이라"(갈 2:20)

십자가를 지신 주님께서 나와 함께 하시고 내가 그분을 믿기 때문에 살아간다는 고백이야말로 십자가의 능력이 얼마나 대단한가를 보여준 것입니다.

두 행악자

예수님께서 십자가에 달리실 때 예수님 좌우편에 두 강도가 예수님과 함께 십자가에서 서서히 죽어가고 있었습니다. 그들은 자신들이 지은 죄값 때문에 말할 수 없는 고통으로 신음하고 있었습니다. 이 두 사람은 자신들이 지은 죄의 심판을 받고 있는 것이었습니다.

죄의 심판에는 두 가지가 있습니다. 이 세상의 심판과 영원한 심판입니다. 지금 두 사람은 이 세상 법정의 심판을 받아 십자가에 못 박혀 죽어가고 있습니다. 이 세상에서 살 자격이 없다고 판결을 받았기 때문입니다. 이 세상은 죄를 용서하지 않습니다. 반드시 죄에 대해 그 대가를 지불합니다. 죄에 대한 대가로 두 사람은 십자가 형을 받고 있는 것입니다.

인간의 두뇌에는 120억개의 뇌세포가 있고 각각의 세포에는 기억을 저장할 수 있는 능력이 있어서 우리의 인식 속으로 들어온 것은 무엇이든지 재생될 수 있다고 합니다. 죄 문제를 해결하지 못한 사람들은 하나님의 심판 법정에서 삶의 기록이 그대로 재생될 때 어떻게 부인할 수 있겠습니까?

"하나님은 모든 행위와 모든 은밀한 일을 선악 간에 심판하시리라" (전 12:14)

이 세상의 심판이 이렇게 끔찍하다면 영원한 심판은 더욱 끔찍하여 영원한 고통이 계속됩니다. 사람들은 영원한 심판에 대해 무지합니다. 그러나 성경은 죄인들이 가는 지옥에 대해 분명하게 표현하고 있습니다.

"마땅히 두려워할 자를 내가 너희에게 보이리니 곧 죽인 후에 또

한 지옥에 던져 넣는 권세 있는 그를 두려워하라 내가 참으로 너희에게 이르노니 그를 두려워하라"(눅 12:5)

십자가 주위의 사람들은 죄로 인한 영원한 심판에 대해 무감각한 존재였습니다. 그러나 성경은 말씀합니다.

"한번 죽는 것은 사람에게 정해진 것이요 그 후에는 심판이 있으리니"(히 9:27)

십자가상에서의 기도

예수님은 십자가상에서 자신을 못 박은 사람들을 위해 기도하고 있습니다.

"이에 예수께서 이르시되 아버지 저들을 사하여 주옵소서 자기들이 하는 것을 알지 못함이니이다 하시더라 그들이 그의 옷을 나눠 제비 뽑을새"(34절)

그 고통 가운데서도 그들의 죄를 사해 달라고 기도하십니다.

자신을 십자가에 못 박은 자들을 향해 사랑의 마음으로 하나님께 용서를 구하셨습니다. 이는 죄의 결과가 얼마나 끔찍한가를 아시기 때문입니다. 죄인들을 향한 중보의 기도가 예수님의 기도셨습니다. 우리도 악한 자들, 우리를 괴롭히는 자들을 위해 기도합시다.

미련한 군중들

지금 십자가 밑에서 백성들은 구경하고 있고 관원들은 예수님을 비웃고 있습니다.

"백성은 서서 구경하는데 관리들은 비웃어 이르되 저가 남을 구원하였으니 만일 하나님이 택하신 자 그리스도이면 자신도 구원할지어다 하고 군인들도 희롱하면서 나아와 신 포도주를 주며 이르되 네가 만일 유대인의 왕이면 네가 너를 구원하라 하더라 그의 위에 이는 유대인의 왕이라 쓴 패가 있더라"(35~38절)

예수님의 죽음을 마땅한 것이라고 생각하고 있습니다. 바로 자신들의 죄 때문에 예수님이 십자가에 대신 죽으심을 몰랐던 것입니다. 오늘도 주님은 미련한 사람들(자신이 의인이라고 착각하는)을 위해 기도하고 계십니다. 세상의 분위기에 휩쓸려 자신을 십자가에 못 박은 그들을 향해 오히려 하나님께 용서를 구하고 계신 것입니다.

"이에 예수께서 이르시되 아버지 저들을 사하여 주옵소서 자기들이 하는 것을 알지 못함이니이다 하시더라 그들이 그의 옷을 나눠 제비 뽑을새"(눅 23:34)

죄 사함의 권세를 가지고 계신 예수님

예수님은 죄사함의 권세를 가지고 계신 분입니다. 모든 사람은 죽음 앞에 서있습니다. 지금 십자가에 달린 두 행악자만이 죽을 사람이 아닙니다. 모두가 죽을 사람입니다. 예수님은 죄인들을 위해 하나님께 죄 용서를 구하고 있습니다. 영원한 심판을 막으시기 위해서 십자가의 고통속에서도 기도하고 계시는 것입니다. 십자가의 고통보다 더한 영원한 고통을 주님께서는 아시기 때문입니다. 그래서 자신을 십자가에 못 박은 그 원수같은 자들을 위해서까지 기도를 하고 계신 것입니다.

예수님은 모든 사람이 죄 용서의 은혜를 받기를 원하십니다. 예수님의 이 사랑이 우리에게 죄사함의 축복을 주신 것입니다. 십자가의 고통 가운데서도 하나님과 죄인들과의 화목을 적극 추진하고 나선 것입니다.

"곧 우리가 원수 되었을 때에 그의 아들의 죽으심으로 말미암아 하나님과 화목하게 되었은즉 화목하게 된 자로서는 더욱 그의 살아나심으로 말미암아 구원을 받을 것이니라 그뿐 아니라 이제 우리로 화목하게 하신 우리 주 예수 그리스도로 말미암아 하나님 안에서 또한 즐거워하느니라"(롬 5:10~11)

"모든 것이 하나님께로서 났으며 그가 그리스도로 말미암아 우리를 자기와 화목하게 하시고 또 우리에게 화목하게 하는 직분을 주셨으니"(고후 5:18)

"아버지여 저희를 사하여 주옵소서 자기의 하는 것을 알지 못함이니이다 하시더라"

우리는 예수님의 십자가의 죽으심을 믿음으로 하나님 앞에 당당하게 나아갈 수 있게 되었습니다.

"우리가 그 안에서 그를 믿음으로 말미암아 담대함과 확신을 가지고 하나님께 나아감을 얻느니라"(엡 3:12)

예수 믿은 자는 하나님과의 화목 정도가 아니라 자녀가 되는 생애 최고의 축복을 누리게 되었습니다. 이제 여러분은 하나님께 당당하게 나아가게 되었습니다. 하나님께 감사와 영광을 돌립시다.

죽음 앞에서도 죄를 깨닫지 못하는 죄인

한 명의 행악자는 죄의 결과가 얼마나 무서운지 몰랐습니다.

"달린 행악자 중 하나는 비방하여 이르되 네가 그리스도가 아니냐 너와 우리를 구원하라 하되"(39절)

죽음 앞에서도 깨닫지 못하고 있습니다. 어떤 신문의 기사입니다. '어부가 큰 조개를 잡아서 껍질을 열어보니 9cm 되는 물고기가 들어 있었습니다. 조개의 속살은 하나도 없었습니다. 물고기는 입이 열린 조개 속으로 들어갔지만 껍질이 닫히는 바람에 조개 속에 갇히게 된 것입니다. 이처럼 죄도 한 번 짓고나면 빠져나갈 수가 없습니다. 누군가가 조개껍질을 열어 주지 않으면 나올 수 없는 것과 같습니다.

한 강도는 자신의 죄의 심각성 보다는 우선 고통에서 벗어나고 싶었습니다. 그래서 당신이 메시야라면서 나를 좀 구원해 보라고 외치고 있습니다. 죽음 앞에서도 자신이 왜 죽어야 하는지를 깨닫지 못하고 있습니다. 죄의 심각성을 깨닫지 못하고 있는 것입니다. 죽어가면서도 죄의 심각성을 깨닫지 못하는 이 사람은 참으로 불쌍한 사람입니다.

죽음 직전에 회개하는 죄인

그런데 다른 사람은 죽음 직전에 죄를 인정하고 있습니다.

"하나는 그 사람을 꾸짖어 이르되 네가 동일한 정죄를 받고서도 하나님을 두려워하지 아니하느냐 우리는 우리가 행한 일에 상당한 보응을 받는 것이니 이에 당연하거니와 이 사람이 행한 것은 옳지 않은 것이 없느니라 하고"(40~41절)

그리고 자신의 죽음 이후에 대해 예수님께 부탁하고 있습니다. 참으로 지혜로운 사람이었습니다.

"이르되 예수여 당신의 나라에 임하실 때에 나를 기억하소서 하니"(42절)

회개하고 믿음을 가진 자의 죽음 이후의 처소는 바로 낙원으로 연결 됩니다. 이 사람은 기회를 놓치지 않았습니다. 죽음 직전에 낙원에 가게 되었으니 얼마나 큰 축복입니까? 세상은 버렸지만 예수님은 이 사람을 버리지 않으셨습니다. 이 사람이 십자가의 현장에 있었던 것은 큰 축복입니다.

비록 이 세상에서의 삶은 마감하지만 죽음 이후를 보장받은 것입니다. 세상에서 버림받고 사형 선고를 받았지만 죽음 직전에 믿음으로 천국을 선물로 받은 것입니다.

"예수께서 이르시되 내가 진실로 네게 이르노니 오늘 네가 나와 함께 낙원에 있으리라 하시니라"(43절)

은혜는 하나님께서 아무런 조건없이 일방적으로 주시는 선물입니다. 우리는 구원 문제가 아니더라도 하나님의 일반적인 은혜를 발견할 수 있습니다. 학교에 가면 초록색 칠판이 있습니다. 그런데 초록색이 사람의 눈을 가장 피로하지 않게 한다고 합니다. 우리는 칠판을 보면서 초록색을 주신 하나님께 감사드려야 합니다. 삶의 모든 부분에서 하나님께 감사드려야 합니다. 하나님의 은혜를 깨달아야 합니다. 우리는 너무나 많은 일반적인 하나님의 은혜를 잊고 삽니다.

죽음 이후에 천국에 갈 수 있도록 모든 것을 준비해 주신 하나님께 우리는 진정으로 감사해야 합니다. 우리는 예수님 때문에 죽음 이후에 대해 확실한 보장을 받았습니다. 이 사람이 구원받고 천국 가게 된 것이 바로 하나님의 은혜, 십자가를 통한 은혜로 얻게 된 것처럼 말입니다.

은혜에 빚진 자

그러므로 우리는 은혜에 빚진 마음을 가지고 살아야 합니다. 인간의 연약함과 잘못을 용서해 주시고 불쌍히 여겨 주시는 하나님의 은혜가 아니면 우리가 어떻게 구원받을 수 있겠습니까? 사도 바울은 항상 은혜에 빚진 자세로 살았습니다. 마음 속에 하나님의 은혜를 품고 살았다는 것입니다.

"그러나 내가 나 된 것은 하나님의 은혜로 된 것이니 내게 주신 그의 은혜가 헛되지 아니하여 내가 모든 사도보다 더 많이 수고하였으나 내가 한 것이 아니요 오직 나와 함께 하신 하나님의 은혜로라"(고전 15:10)

십자가의 은혜를 품고

스코틀랜드의 '던스코아' 라는 작은 마을에서 문필가이며 역사학자인 칼라일이 미국의 시인인 에머슨과 함께 마을에 있는 교회의 십자가가 햇살을 받아 유난히 빛나고 있는 것을 보고 "저걸 봐!"라고 말하였습니다. "그리스도는 십자가에 죽으셨고 교회를 세우셨네! 그리고 자네와 내가 십자가를 통해 서로 만나게 해 주셨네!" 하나님이 주신 가장 큰 선물은 십자가 구원의 은혜입니다. 예수님의 십자가의 죽으심으로 우리가 죄로부터 자유함을 얻게 되었고 우리는 주님의 몸된 교회의 지체가 되었습니다. 그리고 우리는 영원한 천국에서 함께 살 형제와 자매로 만나게 된 것입니다.

십자가는 축복입니다. 십자가만이 죄 문제를 해결하고 천국으로 갈 수 있는 유일한 길이기 때문입니다. 이 하나님의 은혜를 품고 살면 더 많이 수고하게 됩니다. 그리고 너무 감격해서 더욱 열심히 일하게 됩니다. 자신의 공로를 내세우지 않습니다. 수고하고 희생한 것까지도 하나님의 은혜 때문에 할 수 있다고 고백하는 것입니다. 은혜를 가지고 일하니 이것이 아름다운 섬김인 것입니다.

우리가 잘 아는 사도 바울은 자신의 섬김이 학식이나 경력 그리고 지위가 아니라 오직 하나님의 은혜라고 고백하고 있습니다.

"그러나 내가 나 된 것은 하나님의 은혜로 된 것이니 내게 주신 그의 은혜가 헛되지 아니하여 내가 모든 사도보다 더 많이 수고하였으나 내가 한 것이 아니요 오직 나와 함께 하신 하나님의 은혜로라"(고전 15:10)

십자가의 사랑, 십자가의 은혜를 마음에 품고 살아갑시다. 은혜를 품고 살아가면 모든 일을 기쁨으로 감당할 수 있습니다. 십자가의 감격, 십자가의 사랑, 십자가의 은혜로 기쁨으로 섬기고 이 세상을 변화시킵시다.

죄와 용서

베드로전서 2:22~25

22 그는 죄를 범하지 아니하시고 그 입에 거짓도 없으시며
23 욕을 당하시되 맞대어 욕하지 아니하시고 고난을 당하시되 위협하지 아니하시고 오직 공의로 심판하시는 이에게 부탁하시며
24 친히 나무에 달려 그 몸으로 우리 죄를 담당하셨으니 이는 우리로 죄에 대하여 죽고 의에 대하여 살게 하심이라 그가 채찍에 맞음으로 너희는 나음을 얻었나니
25 너희가 전에는 양과 같이 길을 잃었더니 이제는 너희 영혼의 목자와 감독 되신 이에게 돌아왔느니라

죄와 용서

인생에게 가장 심각한 문제

한 네덜란드 시인이 꿈에 죽어서 저 세상으로 갔습니다. 저 세상으로 들어서자 한 천사가 다가와서 한 권의 책을 보여 주었습니다. 이 책에는 시인의 삶이 기록되어 있었습니다. 첫 장을 넘기자 거기에는 많은 글들이 기록되어 있었습니다. 이 글이 무슨 글이냐고 묻자 시인이 범했던 악한 행동이라고 했습니다. 다음 장을 넘기자 거기에는 더 많은 글들이 적혀 있었습니다. 이 많은 글의 내용이 무엇이냐고 묻자 시인의 입에서 나왔던 악한 말들이며, 본래 사람은 행동보다 말을 많이 하기 때문이라고 했습니다. 시인은 두려운 마음으로 다시 다음 장을 넘기자 더욱 더 많은 글들이 빼곡하게 기록되어 있었습니다. 이것은 무엇이냐고 묻자 시인의 머릿속에 있던 악한 생각이라고 했습니다. 사람은 말과 행동보다는 생각을 더 많이 하기 때문이라고 했습니다. 시인은 떨리는 음성으로 다음 장도 넘

거야 하느냐고 물었습니다. 천사가 다음 장을 넘기자, 어두운 밤처럼 온통 빽빽한 글로 검게 칠해져 있었습니다. 천사가 말했습니다. "이것은 그대의 악한 마음일세! 마음에서 생각이 나오며 생각에서 말이 나오고 행동이 나오게 되지!"

사람이 한 평생 살면서 짓는 죄가 얼마나 많습니까? 죄는 인생을 파멸로 몰아넣는 가장 심각한 문제인 것입니다.

죄의 영향력

죄는 이 세상에서의 삶도 비참하게 만듭니다. 죄로 인해 개인이 파멸하고 가정과 공동체, 더 나아가 국가가 파멸합니다.

죄의 결과 하나님과 원수가 됩니다

"육신의 생각은 하나님과 원수가 되나니 이는 하나님의 법에 굴복하지 아니할 뿐 아니라 할 수도 없음이라"(롬 8:7)

죄로 인한 결과는 하나님과 원수가 된다고 했습니다. 사람이 하나님과 원수가 된다면 그 결과가 어떻게 되겠습니까? 죄는 본질적으로 하나님을 떠나는 것입니다. 하나님과 원수가 되는 것보다 더 비참한 결과는 없을 것입니다. 이 세상을 창조하시고 심판하실 하나님과 원수가 되어 영원한 하나님의 진노의 대상이 된다는 것은 너무나 끔찍한 일입니다.

'그리스도를 본 받아'라는 책을 쓴 토마스 아켐피스는 죽음을 피하는 것보다 죄를 피하는 것이 더 낫다고 했습니다. 이 세상을 살면서 지은 죄 문제를 해결하지 않는다면 하나님의 가족이 될 수 있는 기회를 영원히 놓치고 맙니다.

죄의 결과는 심판입니다

"선한 일을 행한 자는 생명의 부활로, 악한 일을 행한 자는 심판의 부활로 나오리라"(요 5:29)

"한번 죽는 것은 사람에게 정해진 것이요 그 후에는 심판이 있으리니"(히 9:27)

그러므로 죄는 시급히 해결해야 합니다. 인생이 행복을 누리며 살 수 있는 유일한 방법은 하나님과의 관계가 회복되어야 합니다.

죄를 어떻게 해결해야 합니까

"죄의 삯은 사망이요 하나님의 은사는 그리스도 예수 우리 주 안에 있는 영생이니라"(롬 6:23)

지은 죄를 해결 하려면 죄값을 받는 방법밖에 없습니다. 죄인은 누구든지 죄값을 피할 수 없습니다. 그런데 하나님은 죄인들이 죄의 심판을 받도록 방치하시지 않으십니다. 아무리 큰 죄를 지은 죄인일지라도 그 죄 문제를 해결해 주시기 위해 두 팔을 걷고 일하고 계십니다.

죄의 인식은 구원의 시작

하나님은 사람들이 죄의 심판을 받는 것을 원하지 않으십니다. 하나님의 방법은 심판보다는 용서해 주시기로 하신 것입니다. 죄에 대한 용서는 먼저 잘못을 인정할 때 받을 수 있는 것입니다.

어떤 교도소를 방문한 목사가 설교를 하고 죄수들과 대화를 나누고 있었습니다. "어떻게 이 곳에 들어오게 되었는가?" 이 질문에 대한 결과를 요약하면 크게 세 가지로 나누어졌습니다. 첫째, 재수가 없어서 이곳에 들어왔습니다. 둘째, 큰 죄 지은 사람은 바깥에 있고 작은 죄 지은 우리만 이곳에 들어왔습니다. 셋째, 감옥 안에 있는 사람들은 죄짓다가 들킨 것 뿐이고 바깥에 있는 사람은 적발되지 않은 것 뿐입니다. 대체로 그들은 자신들의 죄를 시인하기보다는 남을 원망했습니다. 극히 소수의 사람만이 자신이 죄인임을 인정했다고 합니다.

마틴 루터는 이런 말을 했습니다. '죄의 인식이 구원의 시작입니다.' 예수님은 죄 지은 사람을 보고 마음 아파하십니다. 그래서 죄인들을 초청하시는 것입니다. 자신이 죄인임을 인식하는 자는 누구나 예수님께 나올 수 있습니다.

"너희는 가서 내가 긍휼을 원하고 제사를 원하지 아니하노라 하신 뜻이 무엇인지 배우라 나는 의인을 부르러 온 것이 아니요 죄인을 부르러 왔노라 하시니라" (마 9:13)

죄인임을 자백하고 용서를 구하는 자는 누구든지 용서해 주기로 하신 것입니다.

"만일 우리가 우리 죄를 자백하면 그는 미쁘시고 의로우사 우리 죄를 사하시며 우리를 모든 불의에서 깨끗하게 하실 것이요" (요일 1:9)

죄를 담당하신 예수님

하나님은 죄로부터 용서받기를 원하여 죄인임을 시인하는 자에게 예수님을 통해 용서해 주시기로 결정하셨습니다.

"친히 나무에 달려 그 몸으로 우리 죄를 담당하셨으니 이는 우리로 죄에 대하여 죽고 의에 대하여 살게 하려 하심이라 그가 채찍에 맞음으로 너희는 나음을 얻었나니" (벧전 2:24)

'몸소 우리의 죄를 짊어지고 십자가에 달려 돌아가시므로 우리가 더 이상 죄를 위해 살지 않고 의를 위해 살 수 있게 하셨습니다. 그리스도께서 상처를 입으심으로 우리가 낫게 된 것입니다.' (쉬운성경)

예수님은 죄가 없으신 하나님의 아들이십니다. 그럼에도 불구하고 자진해서 '친히' 십자가에 달려 죄를 담당하셨습니다. '담당했다' 는 뜻은 헬라어로 '아니페로' 라고 하는데 두 가지 의미를 가지고 있습니다.

첫째는 희생제물이라는 뜻입니다. 죄는 반드시 대가를 지불해야 합니다. 예수님이 우리 죄를 대신하여 희생제물이 되어 십자가에 못박혀 돌아가셨습니다. 온 몸이 찢기고 피를 흘리셨습니다. 우리가 받아야 할 하나님의 진노를 예수님이 대신 받으신 것입니다.

둘째는 '대신 떠맡는다' 는 뜻입니다. 예수님은 우리가 지은 죄를 모두 떠맡으신 것입니다. 짐을 지고 가는 것을 보고 대신 떠맡아 준 적이 있습니까? 예수님은 세상 죄를 혼자 떠맡으셨습니다. 얼마나 감사한 일입니까? 얼마나 기쁜 소식입니까? 세상에서도 용서 받을 수 없는 죄를 떠맡아 주신 것입니다. IMF 금융위기 때 빚을 지고 파산하는 사람들이 많았습니다. 빚을 감당하지 못해 자살하는 사람, 부도를 내어 감옥에 가는 사람들이 많았습니다. 그런데 파산 직전에 다른 사람이 수억 원의 빚을 갚아 주었다면 이보다 더 기쁜 소식은 없을 것입니다.

평생 갚지 못하고 죄인처럼 숨어 살아야 할 사람의 빚을 대신 떠맡아 준 것은 최고의 감격이요 기쁨이 아닐 수 없습니다. 죄 문제를 해결한 자는 편안하게 살 수 있을 것입니다.

예수님은 이렇게 말씀하십니다. '네가 거짓말을 했느냐? 거짓말한 죄를 내가 떠맡았다. 네가 도둑질을 했느냐? 도둑질한 죄를 내가 떠맡았다. 내가 십자가에서 다 떠맡았다.' 이 사실을 받아들이는 것이 믿음입니다.

예수님을 믿은 결과

"친히 나무에 달려 그 몸으로 우리 죄를 담당하셨으니 이는 우리로 죄에 대하여 죽고 의에 대하여 살게 하려 하심이라 그가 채찍에 맞음으로 너희는 나음을 얻었나니"(벧전 2:24)

이제 예수님께서 내 죄를 대신해서 죽으심을 믿은 결과에 대해 살펴봅시다. '죄에 대해 죽었다' 는 것은 죄와의 모든 관계가 끝났다는 것입니다. 모든 죄를 다 용서받았기에 더 이상 죄 때문에 고통을 당할 필요가 없다는 것입니다. 이제는 죄로부터 자유를 얻었습니다.

흉악한 죄가 깨끗하게 됨

예수님을 믿음으로 흉악한 죄가 깨끗하게 되었습니다. 예수님을 믿고 하나님 앞에 나아가는 자는 세상 사람들로부터 도무지 용서받지 못할 끔찍한 죄를 범했을지라도 용서해 주십니다.

"여호와께서 말씀하시되 오라 우리가 서로 변론하자 너희의 죄가 주홍 같을지라도 눈과 같이 희어질 것이요 진홍 같이 붉을지라도

양털 같이 희게 되리라"(사 1:18)

여러분 중에 지은 죄가 너무 커서 교회에 나올 수 없다고 생각한 분이 있다면 여러분이 지은 죄를 그대로 짊어지고 살겠다는 것입니다. 예수님께서 우리 죄를 대신 떠맡으셨습니다. 이제 하나님께서는 더 이상 우리의 죄를 기억하지 않으십니다.

"나 곧 나는 나를 위하여 네 허물을 도말하는 자니 네 죄를 기억하지 아니하리라"(사 43:25)

스코틀랜드 독립을 위해 독립운동을 하던 '부루스'라는 사람이 영국의 에드워드 황제의 군대에 포위되어 도망치고 있었습니다. 영국 군대는 개까지 동원하여 뒤쫓기 시작했습니다. 기진맥진하여 죽음을 눈 앞에 두게 된 부루스는 살기 위해 피사의 노력을 다하고 있었습니다. 그러다 산꼭대기로 올라가게 되었습니다. 정상에는 시냇물이 흐르고 있었습니다. 부루스는 물 속으로 몸을 숨겼습니다. 개 짖는 소리가 더욱 가까이서 들렸습니다. 그러나 물 속에 숨은 부루스를 더 이상 찾지 못하고 개들은 하늘을 향해 짖을 뿐이었습니다. 부루스의 냄새를 시냇물 앞에서 놓치고 만 것입니다. 부루스는 물 때문에 생명을 구했습니다. 이후 부루스는 '너는 죄인이기에 교회를 다녀도 소용이 없어, 너 같은 죄인이 어떻게 의인이 될 수 있냐, 너의 죄는 결코 없어지지 않아!' 날마다 죄의 심판과 죽음의 공포 그리고 하나님 앞에 도무지 설 수 없다는 생각에 사로 잡혀서 살았지만 십자가에서 흐르는 보혈의 강에 잠기기만 하면 더 이상 마귀도 추격하지 못한다는 사실을 깨닫고 죄로부터 자유함을 얻었다고 합니다.

원수된 관계에서 화목의 관계로

우리는 예수님을 믿는 순간 하나님과 화목하게 되었습니다.

"곧 우리가 원수 되었을 때에 그의 아들의 죽으심으로 말미암아 하나님과 화목하게 되었은즉 화목하게 된 자로서는 더욱 그의 살아나심으로 말미암아 구원을 받을 것이니라"(롬 5:10)

방황의 끝

"너희가 전에는 양과 같이 길을 잃었더니 이제는 너희 영혼의 목자와 감독 되신 이에게 돌아왔느니라"(벧전 2:25)

죄인이 길 잃은 양이라면 예수님의 십자가의 죽으심으로 죄 문제를 해결한 사람들은 영혼의 목자를 만난 것입니다. 그리고 감독되신 주님께로 돌아온 것입니다. 이제는 하나님께서 심판자가 아니라 우리의 보호자가 되셨습니다. 예수님은 우리 영혼의 선한 목자가 되시고 탁월한 감독으로 우리를 이끌어 주실 것입니다.

"내가 진실로 진실로 너희에게 이르노니 내 말을 듣고 또 나 보내신 이를 믿는 자는 영생을 얻었고 심판에 이르지 아니하나니 사망에서 생명으로 옮겼느니라"(요 5:24)

하나님의 가족으로 입적됨

이제 예수를 믿는 순간 누구도 말할 수 없는 하나님의 가족이 되었습니다. 그것도 영원한 가족이 되었습니다. 그리고 큰 단위로는 하늘나라 시민이 되었습니다.

"그러나 우리의 시민권은 하늘에 있는지라 거기로부터 구원하는 자 곧 주 예수 그리스도를 기다리노니"(빌 3:20)

하나님 나라의 영원한 가족이 되었습니다. 그리고 하늘나라 시민권을 가지게 되었습니다. 잠깐 지나가는 이 세상에서도 일등 국민이 되고 좋은 가문의 가족이 되면 큰 영광이며 자랑거리 입니다.

미국의 명문가로는 록펠러 가문, 후버 가문, 정치 엘리트 가문이라는 태프트 가문등이 있습니다. 과거 조선시대에는 전주 이씨가 명문가였습니다. 하물며 하늘나라에서 영원한 하나님의 가족이 된다면 이보다 더한 기쁨이 없을 것입니다.

예수님을 믿는 자는 누구에게나 영원한 기쁨이 기다리고 있습니다. 그리고 영원한 처소인 천국이 기다리고 있습니다. 여러분 모두 예수님을 믿어서 영원히 인정받는 하늘나라 명문가인 하나님의 가문에 속하기를 바랍니다.

기도

하나님 저는 죄인입니다. 지금까지 제 자신을 믿고 살아왔습니다. 지금 이 시간 저의 죄를 회개하오니 용서하여 주세요. 예수님께서 저의 죄 때문에 십자가에 돌아가시고 부활하신 것을 믿습니다. 지금 이 시간 제 마음의 문을 엽니다. 예수님께서 제 마음에 들어오셔서 저의 구주와 주님이 되어 주세요. 이제부터 제가 하나님 앞에 설 때까지 저의 삶을 인도해 주세요.

하나님 아버지 감사합니다. '영접하는 자 곧 그 이름을 믿는 자에게는 하나님의 자녀가 되는 권세를 주신다' 고 약속하신 말씀대로 하나님의 자녀가 되게 하심을 감사합니다. '동이 서에서 먼 것 같이 네 죄를 멀리 옮기웠느니라. 다시는 네 죄를 기억치 아니하리라' 하신 말씀대로 죄 용서의 확신과 '나를 믿는 자는 결단코 멸망치 않고 영생을 얻으리라' 는 말씀대로 구원의 확신을 주시옵소서. 예수님의 이름으로 기도드립니다. 아멘.

너무나 비싼 대가

베드로전서 2:24

24 친히 나무에 달려 그 몸으로 우리 죄를 담당하셨으니 이는 우리로 죄에 대하여 죽고 의에 대하여 살게 하려 하심이라 그가 채찍에 맞음으로 너희는 나음을 얻었나니

너무나 비싼 대가

문화가 잘못되면 세상은 죄악에 빠지게 됩니다.

요즘 세상의 문화는 사람들의 사고를 은근히 바꾸는 역할을 합니다. 우리나라의 많은 영화가 폭력과 성범죄를 유도하는 내용으로 가득 차 있습니다. '다빈치 코드'라는 책과 영화에서는 성경의 내용을 전혀 다르게 해석하여 사람들의 흥미를 유발하고 있습니다.

예수님이 마리아와 결혼했다고 주장하며 '사라'라는 딸이 있었다고 주장합니다. 최후의 만찬에서 예수님 바로 왼쪽 자리에 앉은 자가 바로 마리아라고 주장합니다. 이 말도 안 되는 이야기에 많은 사람들이 호기심을 가지는 것이 문제입니다.

믿음 없는 사람들은 잘못된 지식이 바른 지식이라고 믿을 수도 있습니다. 확고한 믿음이 없으면 얼마든지 흔들릴 수 있습니다. 이 문제도 우리의 기도 제목이 되어야 합니다.

죄의 심각성

'하나님께서는 죄를 적당하게 넘겨주시고 그냥 용서해 주시면 안 될까?' 만약 이런 생각을 하고 있다면 정말 큰일입니다. 대부분의 사람들이 죄의 심각성을 모르고 있습니다. 죄를 적당하게 봐주면 하나님께서 창조하신 이 세상은 부패와 타락으로 철저하게 오염될 것입니다. 죄는 개인적인 문제가 아닙니다. 공동체를 타락하도록 오염시킵니다. 그리고 결국에는 하나님께서 만드신 창조의 질서에 도전하고 대적합니다. 그래서 하나님께서 이런 말씀을 하셨습니다.

"악은 모든 모양이라도 버리라"(살전 5:22)

하나님은 결코 죄와 타협하지 않으십니다. 하나님은 의로우신 분이기에 절대로 죄와 타협하지 않으시고 지은 죄에 대해 공평하게 심판하십니다. 죄는 전염성이 강합니다. 그래서 윌리암 알렌 화이트라는 사람이 말하길 "죄는 민들레와 매우 비슷하다"고 했습니다. 죄의 전파속도는 대단히 빠릅니다. 호머는 "죄는 강하고 빨라서 모든 것을 앞지른다"고 했습니다.

인도 벵갈에서 장사하는 사람이 호주에서 휴양을 하며 벵갈 지방에 있는 수생식물(파란 하야신스를 닮음)을 가져와서 정원에 심었습니다. 놀랄 만큼 번식하기 시작해서 하수구나 수로를 모두 막아 버렸습니다. 수십년이 지나자 곳곳에서 이 수생식물 때문에 농업에 막대한 지장을 가져오게 되었습니다. 사람들은 이 수생식물을 '파란 악마' 또는 '벵갈의 페스트'라고 부릅니다.

　죄의 전파속도와 영향력은 대단합니다. 어른이나 어린아이 할 것 없이 빨리 보고 모방합니다. 죄의 전염성은 이 세상을 철저하게 파괴시켜 세상을 지옥같이 만들고 결국에는 사람들을 지옥으로 보냅니다.

　죄의 심각성은 지옥이 있다는 사실로 알 수 있습니다. 죄가 없으면 지옥도 없을 것입니다.

　"죄의 삯은 사망이요 하나님의 은사는 그리스도 예수 우리 주 안에 있는 영생이니라"(롬 6:23)

　우리가 이 세상에서 지은 죄를 해결하지 못하면 하나님과 영원히 단절된 상태로 살게 됩니다. 죄의 결과가 얼마나 심각한 지 너무나 잘 아시는 하나님은 예수님을 이 땅에 보내셔서 우리의 죄 문제를 해결하도록 하셨습니다. 예수님께서 대신 죄 값을 받도록 하신 것입니다. 그래서 예수님께서 우리 대신 십자가에 못 박히신 것입니다.

십자가의 형벌

　이스라엘 사람들은 로마에 대한 감정이 좋지 않았습니다. 대부분의 사람들은 이스라엘의 독립을 꿈꾸고 있었습니다. 그들은 구세주가 나타나 로마의 속박으로부터 구원해 주리라 믿고 있었습니다.

그리고 일부의 사람들은 행동을 취했습니다. 직접 반란을 일으킨 것입니다.

로마 군대는 무자비하게 주동자들을 처형했습니다. 주로 십자가 형을 선택했습니다. 십자가형은 가장 잔인한 형벌이었습니다. 죄수가 최고의 고통을 받으며 죽어가는 형벌이었습니다. 십자가형을 받은 자는 살아날 수 없었습니다. 로마에 반역한 사람들은 대로변에 십자가를 세워 처형하므로 사람들에게 반란의 결과가 무엇인지 뼈저리게 느끼도록 했습니다. 많은 사람들이 십자가 형을 직접 목격했기에 그 끔찍함을 알고 있었습니다.

로마 군인들은 먼저 처형할 사람의 허리까지 옷을 벗기고 채찍을 휘둘렀습니다. 채찍 끝에는 갈라진 뼈 조각이나 거친 쇠붙이가 붙어 있어서 등은 갈기갈기 찢겨 나갔습니다. 그리고 자신이 달릴 십자가를 메고 처형장소까지 걸어갔습니다. 처형장소에 이르면 사형수들은 기진맥진합니다. 처형 장소에 도착해서 옷을 벗겨 공개적인 망신을 줍니다. 그리고 큰 대못을 손목에 대고 내리칩니다. 만약 손바닥에 못을 치면 몸무게를 견디지 못해 손바닥의 살점이 다 터져서 몸의 체중을 견디지 못하고 십자가에서 떨어지게 된다고 합니다. '쎄딜레'라는 엉덩이 받침대가 중심기둥 중간쯤 위치해서 죄수의 몸이 아래로 쏠리지 않도록 해서 죽음을 지연시켜 고통을 더 받게 되고 숨 쉬는 것이 힘들어 정신을 잃고 숨집니다.

정말 참혹한 광경입니다. 날이 어두워지면 로마 군인들이 더 기다릴 수 없기에 두 다리를 부러뜨리는 죽음일격을 가합니다. 예수님은 일찍 숨을 거두었기에 로마 군인들이 옆구리를 창으로 찔렀습니다. 예수님의 죽음을 그의 어머니와 몇 명의 여자들이 바라보며 흐느끼고 있었습니다. 너무나 비참한 광경이었습니다.

아름다운 이야기

하나님께서는 우리를 사랑하시기에 인간의 모습으로 오셨습니다. 그래서 이는 세상에서 가장 아름다운 이야기이며 감동적인 이야기입니다. 예수님은 인생의 모든 비극과 슬픔 그리고 절망을 나누시기 위해 오셨기 때문입니다.

예수님께서 십자가에 못 박히신 것은 놀라운 사랑이셨습니다. 예수님께서 친히 죄의 짐을 지신 것입니다. 예수님은 갈보리에서 너무나 외롭고 쓸쓸하셨습니다. 온 몸은 엉킨 피와 뚝뚝 떨어지는 피로 엉망이 되었습니다. 어깨에 무거운 십자가를 짊어지심으로 인간의 죄를 짊어지신 것입니다. 죄를 알지도 못하시는 분이 죄인들을 위해서 죄를 뒤집어쓰시고 손가락질 당하는 것까지도 기꺼이 담당하셨습니다.

"하나님이 죄를 알지도 못하신 이를 우리를 대신하여 죄로 삼으신 것은 우리로 하여금 그 안에서 하나님의 의가 되게 하려 하심이라"(고후 5:21)

"친히 나무에 달려 그 몸으로 우리 죄를 담당하셨으니 이는 우리로 죄에 대하여 죽고 의에 대하여 살게 하려 하심이라 그가 채찍에 맞음으로 너희는 나음을 얻었나니"(벧전 2:24)

십자가를 통해 우리의 죄와 하나님의 용서를 한꺼번에 느낄 수 있는 것입니다.

우리와 함께 계신 하나님

예수님께서는 이 땅에 오셔서 십자가에 죽으심으로 하나님께서 막연히 멀리 계신 분이 아님을 보여 주셨습니다. 창조주 하나님께서 인간이 되셔서 인간들 속으로 들어오신 것입니다. 하나님은 예수님의 오심에 대해 분명하게 말씀하셨습니다.

"보라 처녀가 잉태하여 아들을 낳을 것이요 그의 이름은 임마누엘이라 하리라 하셨으니 이를 번역한즉 하나님이 우리와 함께 계시다 함이라"(마 1:23)

하나님은 먼저 인간에게 다가오신 것입니다.

지극히 자신을 낮추신 하나님

창조주 하나님께서 피조물인 인간 속으로 들어오셨다는 것은 자신을 얼마나 낮추셨는가를 알 수가 있습니다. 이는 황제가 궁궐의 온갖 좋은 것을 다 버리고 빈민촌에서 생활하신 것과 같습니다.

바로 인간을 구원하시기 위함인 것입니다. 예수님께서 고난 받으신 것은 바로 하나님 자신이 직접 고난 받으신 것입니다. 하나님은 우리가 죄의 구덩이에서 헤어 나오지 못하고 영원한 형벌을 받는 것을 원하지 않으십니다.

예수는 오직 우리 죄를 위해 죽으셨습니다

예수님께서 한 시점에서 죽으셨다는 사실이 중요한 것이 아니라 예수님께서 우리를 위해 죽으셨다는 것이 중요합니다. 예수님은 십자가에 죽으시고 부활하심으로 우리를 죄로부터 구원해 주셨습니다. 이를 대속이라고 합니다. 예수님께서는 우리 대신 십자가에 달리신 대리인이십니다. 예수님은 한없이 자신을 낮추셔서 우리와 같은 모습이 되셔서 우리 대신 죄를 짊어지시기 위해 우리 자리에 대신 서신 것입니다. 우리가 져야 할 십자가를 대신지시고 죽으신 것입니다.

너무나 비싼 대가

예수님의 십자가는 정말 값비싼 대가를 치루심을 보여 주신 것입니다. 우리를 죄의 사슬로부터 벗어나게 해 주시기 위해 엄청난 대가를 지불하신 것입니다. 잠시 사랑한 것처럼 보이는 제스처가 아닙니다. 잠깐의 깜짝 쇼가 아닙니다. 진정으로 사랑하신 것입니다. 하나님은 최고의 헌신과 사랑을 베푸신 것입니다.

십자가를 통해 자유를

노예 상태에 있는 사람은 참으로 비참합니다. 오늘날 후진국에 많은 사람들이 가난의 노예가 되어 있는 것을 봅니다. 먹지 못해 병들어 신음하는 모습, 갈비뼈와 앙상한 뼈만 남은 불쌍한 모습입니다. 그 옛날 나치 치하에서 유럽의 수많은 사람들이 고통을 받았습니다. 공산주의자들 때문에 강제 수용소에서 짐승처럼 살던 사람들이 노예 상태에 있었던 사람들입니다. 그런데 이 보다 더 비참한 것이 죄의 노예 상태에 있는 자들입니다. 죄는 사람을 노예화 합니다.

죄는 우리를 포로로 잡고 있는 군대와 같습니다. 우리 힘으로는 도무지 벗어날 수가 없습니다. 힘센 죄에게 붙잡혔기 때문입니다. 죄로부터 자유롭게 되는 것은 더 큰 힘이 우리를 풀어주는 길 뿐입니다. 영국의 C.S 루이스는 2차 세계대전을 비유로 설명했습니다. 나치가 유럽 곳곳을 점령해 나가며 점령당한 사람들을 억압하며 노예로 부렸습니다. 그런데 연합군의 승리로 주둔한 나치군들은 도망치듯 점령지를 벗어났습니다. 십자가는 '자유' 라는 뜻입니다. 십자가로 인해 죄로부터 벗어나 자유를 얻게 되었습니다. 죄의 노예 상태에서 벗어나게 해 준 것입니다.

십자가를 통해 궁극적인 승리자가 되게 해 주기 위함

예수 그리스도께서 십자가에서 죽으시고 부활하심은 우리까지 승리자가 되는 영광을 주신 것입니다. 죄의 노예가 되어 영원한 감옥에서 고통할 필요가 전혀 없는 것입니다.

"우리 주 예수 그리스도로 말미암아 우리에게 승리를 주시는 하나님께 감사하노니"(고전 15:57)

"통치자들과 권세들을 무력화하여 드러내어 구경거리로 삼으시고 십자가로 그들을 이기셨느니라"(골 2:15)

하나님은 구원의 주관자

하나님은 인간의 구원을 주관하시는 유일하신 분입니다. 하나님을 배제하고 구원 받을 수 있는 방법은 없는 것입니다. 모세는 어린 아이 때에 갈대 숲에서 구출되었습니다. 바로의 공주에게 눈에 띄어 구원을 받은 것입니다. 이는 바로 하나님께서 계획하신 구원 계획이었습니다. 구원된 모세는 80년 후 이스라엘을 애굽에서 이끌어 내는 구원 사역의 지도자로 쓰임 받습니다. 하나님께서 이스라엘 백성을 애굽의 압제에서 벗어나도록 해 주신 것입니다. 하나님은 우리의 구원을 주관하시는 주관자이십니다.

하나님은 당신을 위한 계획을 세우셨습니다

하나님께서는 여러분을 위한 구원 계획을 세우고 계십니다. 이 시간 예수님께서 나를 위해 죽으시고 부활하신 것을 믿고 예수님을 여러분의 '주' 로 믿으면 됩니다.

"그런즉 이스라엘 온 집은 확실히 알지니 너희가 십자가에 못 박은 이 예수를 하나님이 주와 그리스도가 되게 하셨느니라 하니라"
(행 2:36)

'주' 라는 말은 권세와 주권을 가지신 분임을 나타내는 것

우리는 예수님께서 구원의 권세와 하나님의 능력을 가지신 분으로 믿어야 합니다. 우리가 예수님을 구세주로 받아들일 때 그분의 권세를 가지고 살게 되는 것입니다.

죄를 가장 미워하라

예수님께서 십자가에 죽으신 것은 죄 때문이기에 하나님은 죄를 가장 미워하십니다. 그러므로 우리도 죄를 가장 미워해야 합니다. 죄는 개인과 가정을 파괴시킵니다. 우리 자녀들을 철저하게 파괴시킵니다. 그리고 결국 사람을 영원한 심판의 자리로 몰고 갑니다.

철저하게 죄를 미워해야 합니다. 죄악 된 자리는 가지도 말고 쳐다보지도 말아야 합니다.

우리는 의인답게 살아야 합니다

예수 믿은 우리는 의롭다는 인정을 받게 되었습니다. 사도 바울은 이 의롭다는 말을 즐겨 사용합니다. 이것은 주로 법정에서 쓰는 용어입니다. '의롭다'는 말은 '올바른 곳에 있음', '옳다는 판결을 받음' 이라는 뜻이 있습니다. 이제부터는 우리의 자리는 언제나 올바른 곳이어야 합니다. 그렇게 되기 위해서는 동참의 원리를 적용해야 합니다.

동참의 원리를 적용합시다

예수님께서 이 땅에 오셔서 십자가의 죽으심으로 우리를 대신해 죽으셨기에 지금부터는 우리가 그리스도께서 하셨던 일을 대신 하는 동참자가 되어야 합니다. 성도들은 그리스도의 몸을 구성하는 지체입니다. 이는 뼈 중에 뼈요 살 중에 살이라는 말입니다. 예수님의 십자가로 그리스도와 하나됨의 영광을 누리고 삽니다. 그래서 사도 바울이 즐겨 사용했던 또 다른 단어가 '그리스도 안에서' 라는 말씀입니다. 이는 우리가 그리스도처럼 생각하고 그리스도처럼 행동하고 그리스도께서 즐기셨던 일을 해야 한다는 것입니다.

우리의 구원과 의롭게 됨은 예수님의 십자가에서부터 시작됐습니다. 우리도 주님께서 우리에게 주신 십자가를 지는 자세를 가질 때 비로소 주님과 동참하게 됩니다.

"또 자기 십자가를 지고 나를 따르지 않는 자도 내게 합당하지 아니하니라"(마 10:38)

"누구든지 자기 십자가를 지고 나를 따르지 않는 자도 능히 내 제자가 되지 못하리라"(눅 14:27)

우리의 십자가를 대신 지신 주님의 십자가는 이제 우리가 져야 합니다. 이제부터는 우리가 주님께서 맡겨 주신 십자가를 지고 세상에 복음을 전하고 빛과 소금의 역할을 감당합시다.

십자가 의식

이사야 53:1~6

1 우리가 전한 것을 누가 믿었느냐 여호와의 팔이 누구에게 나타났느냐
2 그는 주 앞에서 자라나기를 연한 순 같고 마른 땅에서 나온 뿌리 같아서 고운 모양도 없고 풍채도 없은즉 우리가 보기에 흠모할 만한 아름다운 것이 없도다
3 그는 멸시를 받아 사람들에게 버림 받았으며 간고를 많이 겪었으며 질고를 아는 자라 마치 사람들이 그에게서 얼굴을 가리는 것 같이 멸시를 당하였고 우리도 그를 귀히 여기지 아니하였도다
4 그는 실로 우리의 질고를 지고 우리의 슬픔을 당하였거늘 우리는 생각하기를 그는 징벌을 받아 하나님께 맞으며 고난을 당한다 하였노라
5 그가 찔림은 우리의 허물 때문이요 그가 상함은 우리의 죄악 때문이라 그가 징계를 받으므로 우리는 평화를 누리고 그가 채찍에 맞으므로 우리는 나음을 받았도다
6 우리는 다 양 같아서 그릇 행하여 각기 제 길로 갔거늘 여호와께서는 우리 모두의 죄악을 그에게 담당시키셨도다

십자가 의식

교회 다니는 것과 예수 믿는 것

교회 다닌다고 모두 예수를 믿는 것은 아닙니다. 교회를 다녀도 예수님을 믿지 않는 사람들이 있기 때문입니다. 교회를 다니기 위해서는 예배당 정문을 들어서면 되지만, 예수님을 믿기 위해서는 반드시 십자가라는 문을 통과해야 합니다.

이사야서에는 예수님께서 당하실 고난에 대해 세밀하게 말씀하고 있습니다. 이사야 선지자가 사역하던 시기는 B.C. 739년에서 680년경입니다. 하나님께서 이사야를 통해 예수님의 고난에 대해 말씀하셨습니다. 예수님께서 고난의 종으로 오실 것을 말씀하고 있는 것입니다.

예수님은 종으로 오셨습니다

예수님은 이 땅에서 자신이 하나님의 아들로서의 모든 권세와 특권을 포기하고 오신 것을 여러 차례 말씀하셨습니다.

"인자가 온 것은 섬김을 받으려 함이 아니라 도리어 섬기려 하고 자기 목숨을 많은 사람의 대속물로 주려 함이니라"(마 20:28)

인간을 너무나 사랑하셔서 이 땅에 오신 예수님은 고난을 받는 종으로, 섬기는 종으로 온갖 수치와 모욕을 당하신 것입니다.

평범한 인간으로 오신 예수님

"그는 주 앞에서 자라나기를 연한 순 같고 마른 땅에서 나온 뿌리 같아서 고운 모양도 없고 풍채도 없은즉 우리가 보기에 흠모할 만한 아름다운 것이 없도다"(2절)

예수님은 이 세상 사람들이 흠모하는 영웅의 모습이나 인기스타의 모습이 아니었습니다. 예수님은 인간으로 이 땅에 오실 때, 가장 평범한 모습으로 오셨습니다. 고운 모양도 없고 풍채도 없는 모습으로 흠모할만한 아름다운 것이 하나도 없었습니다. 예수님의 겉 모습으로 사람들의 마음을 사로잡기 위해 오신 것이 아니었습니다.

사람들에게 외면당하신 예수님

"그는 멸시를 받아 사람들에게 버림 받았으며 간고를 많이 겪었으며 질고를 아는 자라 마치 사람들이 그에게서 얼굴을 가리는 것 같

이 멸시를 당하였고 우리도 그를 귀히 여기지 아니하였도다"(3절)

예수님께서 이 땅에 오시는 것을 사람들은 거절하고 배척했습니다. 유대왕 헤롯은 예수님께서 이 땅에 오시는 것을 결사적으로 막았습니다. 예수님이 오실 당시의 베들레헴과 그 주변의 두 살 아래의 사내아이는 모두 죽이라는 명령을 내린 것입니다.

"이에 헤롯이 박사들에게 속은 줄 알고 심히 노하여 사람을 보내어 베들레헴과 그 모든 지경 안에 있는 사내아이를 박사들에게 자세히 알아본 그 때를 기준하여 두 살부터 그 아래로 다 죽이니"(마 2:16)

예수님께서 이 땅에 오시는 것조차도 심한 저항을 받으신 것입니다. 예수님은 베들레헴 마굿간에서 탄생하셨습니다. 동네 사람들의 환영과 축하는 기대할 수 없었습니다. 예수님에 대해 사람들은 무관심했습니다. 오늘날에도 많은 사람들이 예수님에 대해 무관심합니다. 가장 안타까운 것은 교회를 다니는 사람들 중에서도 예수님에 대해 무관심한 사람이 많다는 것입니다.

예수님의 고난의 이유

예수님의 고난은 바로 나의 죄 때문입니다.

"그는 실로 우리의 질고를 지고 우리의 슬픔을 당하였거늘 우리는 생각하기를 그는 징벌을 받아 하나님께 맞으며 고난을 당한다

하였노라"(4절)

　예수님의 고난은 죄에 대한 고난이었습니다. 우리의 죄 때문에 예수님께서 대신 하나님에게 맞으며 고난을 당하신 것입니다.

　죄의 심각성을 인식해야 합니다. 죄 문제를 안고 고민해 본 적이 있습니까? 예수님께서 이 땅에 오셔서 처음으로 하신 말씀이 '회개하라 천국이 가까웠느니라' 는 말씀이었습니다.

　"이 때부터 예수께서 비로소 전파하여 이르시되 회개하라 천국이 가까이 왔느니라 하시더라"(마 4:17)

　죄로부터 돌이키는 것이 회개입니다.

　그렇다면 죄는 어디에서부터 시작되는 것입니까? 세상이 정의하는 죄와 하나님께서 정의하는 죄는 다릅니다. 세상 사람들은 눈에 보이는 죄, 법을 어기는 죄를 말합니다. 그러나 성경은 마음의 죄까지도 모두 포함하고 있습니다. 마음의 죄를 가장 잘 표현한 성경이 로마서 1:29~32입니다.

　"곧 모든 불의, 추악, 탐욕, 악의가 가득한 자요 시기, 살인, 분쟁, 사기, 악독이 가득한 자요 수군수군하는 자요 비방하는 자요 하나님께서 미워하시는 자요 능욕하는 자요 교만한 자요 자랑하는 자요 악을 도모하는 자요 부모를 거역하는 자요 우매한 자요 배약하는 자요 무정한 자요 무자비한 자라 그들이 이같은 일을 행하는 자는 사형에 해당한다고 하나님께서 정하심을 알고도 자기들만 행할 뿐 아니라 또한 그런 일을 행하는 자들을 옳다 하느니라"(롬 1:29~32)

여기에는 세상의 모든 죄가 다 열거되어 있습니다. 이 모든 죄의 뿌리는 하나님을 마음에 두기를 싫어하는 데서부터 시작됩니다.

"또한 그들이 마음에 하나님 두기를 싫어하매 하나님께서 그들을 그 상실한 마음대로 내버려 두사 합당하지 못한 일을 하게 하셨으니"(롬 1:28)

하나님을 마음에 두기를 싫어한다는 것은 모든 죄악의 시작입니다. 결국 인생 파멸의 뿌리가 되는 것입니다.

죄의 대가는 피할 수 없습니다

죄 값을 피할 수 있는 인간은 없습니다. 죄를 짓고 사람들의 눈을 피했어도 자신 내면의 소리인 양심의 소리에서 자유로울 수 없습니다.

제주도에 사는 한 50대의 남자가 양돈장에서 같이 일하던 동료를 때려 숨지게 한 뒤 범행을 은혜하기 위해 사체를 인근 숲에 구덩이를 파고 묻으며 유기했다가, 죄책감에 시달려 결국 범행 4년 만에 자수하고 법원으로부터 징역 8년을 선고받았습니다. 4년 동안 자신의 범행으로 인해 정신적 충격을 받아 자살을 시도하거나 환청에 시달리는 등 고통을 받아왔던 것으로 밝혀졌고 끝내 자수하게 되었다고 합니다.

죄는 무서운 것입니다. 인생을 영원히 비참하게 만드는 것입니다. 죄를 가볍게 여겨서는 안됩니다.

죄의 결과

죄의 결과를 십자가라는 극형을 통해 보여 주셨습니다.

죄의 결과가 얼마나 무서우면 하나님의 아들 예수님에게 대신 죄값을 물으셨겠습니까? 그것도 가장 고통스럽고 비참한 십자가의 형을 당하게 하셨을까요? 죄의 결과는 끔찍합니다.

우리가 예수님을 죽였습니다

"그가 찔림은 우리의 허물 때문이요 그가 상함은 우리의 죄악 때문이라 그가 징계를 받으므로 우리는 평화를 누리고 그가 채찍에 맞으므로 우리는 나음을 받았도다"(5절)

예수님의 죽음을 남의 일 보듯이 해서는 안됩니다. 우리가 예수님을 못 박았습니다. 우리가 예수님을 십자가에 못 박은 가해자인 것입니다. 고난절을 맞이해도 예수님에 대한 아무런 가책이 없다면 예수님과 상관없는 사람입니다.

예수님의 십자가와 상관없는 삶을 살지 마시길 바랍니다. 하나님은 외아들 예수님을 십자가라는 극형에 처해서라도 인간의 죄악을 해결해 주기를 원하셨습니다. 예수님이 대신 죄값을 받도록 하셨습니다. 그런데 내가 예수님을 죽였다는 의식이 없다면 예수님의 십자가와 상관없는 것입니다.

예수님은 온갖 고통과 멸시를 당하셨습니다

죄란 본래 온갖 모멸감과 수치를 당하게 됩니다. 우리가 당해야 할 것을 예수님께서 대신 당하셨습니다. 우리가 영원히 당해야 할 모멸감과 수치를 예수님께서 한꺼번에 받으신 것입니다. 우리가 십자가에 못 박혀야 했습니다. 예수님의 십자가를 보면서 '내가 저 위에 매달려야 하는데, 예수님께서 대신 매달렸다'는 의식이 있어야 합니다. 내가 맞아야 할 매를 예수님께서 대신 맞으셨다고 마음에 아픔이 있어야 합니다. 예수님께서 십자가에 죽으신 것은 바로 내가 죽은 것입니다.

내가 예수님을 죽였다는 애통한 마음

"우리는 다 양 같아서 그릇 행하여 각기 제 길로 갔거늘 여호와께서는 우리 모두의 죄악을 그에게 담당시키셨도다"(6절)

내가 예수님을 죽였다는 애통함을 가진 자는 과거의 죄악된 삶을 버립니다. 죄인이던 나는 십자가에서 죽었기에 새로운 삶을 살기를 원하는 것입니다. 이것이 십자가 의식입니다. 이전 것은 지나갔으니 새롭게 된 것입니다.

"그런즉 누구든지 그리스도 안에 있으면 새로운 피조물이라 이전 것은 지나갔으니 보라 새 것이 되었도다"(고후 5:17)

십자가 의식

나 때문에 예수님께서 죽으셨다는 십자가 의식이 없다면 여전히 죄에 대해 무감각한 모습을 보이게 됩니다. 교회를 다녀도 자기 욕심을 채우기 위해 삽니다. 이런 자들은 하나님의 복에만 관심을 가지게 됩니다. 십자가의 의식을 가지면 하나님의 지극한 사랑의 가치 때문에 함부로 살지 않는 것입니다.

십자가의 의식은 품위 있는 삶을 살게 합니다

십자가는 돈으로 계산할 수 없는 이 땅의 최고의 가치이며 하나님의 지극하신 사랑입니다. 하나님께서 우리를 얼마나 귀하게 여기셨으면 예수님의 생명과 바꾸셨겠습니까? 그러므로 예수님의 십자가의 사랑의 가치는 이 땅의 모든 것과 바꿀 수 없는 것입니다. 십자가의 가치와 고귀한 사랑의 의미를 깨닫는다면 책임감 있는 삶을 살게 됩니다. 자기를 위해 욕심을 채우려는 삶에서 영혼에 대한 사랑으로 전도하는 삶을 살게 됩니다. 섬김과 헌신의 삶을 살게 되는 것입니다.

죄에 대한 통곡하는 마음

죄란 하나님이 싫어하시는 악입니다. 죄의 결과가 너무나 비참하고 영원한 대가를 요구하기에 죄에 대해 통곡할 수 있어야 합니다. 잘못해서 사람을 죽였다고 생각하면 그 죄의식은 평생 품고 살아야 합니다. 그런데 우리는 우리가 지은 수많은 죄 때문에 대신 예수님을 죽여 놓고 마음에 아픔이 없다면 이는 영적인 건조증에 걸려 있는 것입니다. 우리는 죄에 대해 통곡해야 합니다. 우리에게는 눈물이 필요합니다. 죄 문제를 해결하지 못하면 어떻게 되는 것입니까? 영원히 죄값을 받고 살아야 합니다.

죄의 결과로 지옥의 영원한 고통이 기다립니다

모리스 S 롤링스라는 의사는 미국 심장학 대학에서 총장을 지냈습니다. 환자들이 죽었다가 살아난 것에 대한 연구를 하여 임상 보고서를 만들었습니다. '지옥에 다녀온 사람들' 이라는 책입니다. 잠깐 숨이 끊어진 사이(수술이나 한 순간 심장마비등을 통해)에 지옥을 본 사람들의 내용을 기록하고 있습니다. 1948년 캐나다 앨버타에 사는 조지 고드킨이라는 사람이 중병을 오래 앓다가 체험한 글입니다.

'나는 지옥이라 부르는 영계로 인도되었다. 이곳은 예수 그리스도를 거절한 사람들이 들어가는 처벌의 장소였다. 나는 지옥을 봤을 뿐만 아니라 거기 들어갈 사람들의 겪은 고통도 맛보았다. 지옥의 어둠은 얼마나 두껍던지 평당 압력을 잴 수도 없을 것 같았다. 정말 지독하게 깜깜하고 끔찍했으며, 적막하고 묵직한 어둠이었다. 어둠 속에 있는 각 사람을 짓누르고 의기소침하게 만드는 어둠이었다. 물기라곤 찾아볼 수 없게 하는 열 기운이 그곳에 있었다. 눈알이 어찌나 건조하게 느껴지는지 눈 구멍 안에 빨갛게 탄 석탄 두 개가 들어 있는 것만 같았다. 입술과 혀가 고열로 바짝 말라붙어 쩍쩍 소리가 나게 갈라졌다. 콧김이 마치 용광로에서 뿜어져 나오는 바람처럼 후끈후끈했다. 몸 바깥쪽은 난로 안에 갇힌 것처럼 뜨거웠고 몸 안쪽도 밖에서 들어오는 뜨거운 김으로 고통스럽기 그지없었다. 이 지옥이 인간 영혼에 주는 고통과 고독의 처절함은 정말이지 말로는 제대로 표현할 수가 없다. 그저 겪어봐야만 알 수 있을 뿐이다.'

이제 죄인인 우리는 죽었습니다

예수님께서 십자가에 죽으신 순간 죄인인 우리도 죽은 것입니다. 예수님께서 죽으셨기 때문에 우리는 다시 살게 된 것입니다. 어거스틴은 14살 때 이미 방탕아로서 사생아를 낳고 타락한 삶을 살았지만 예수님을 인격적으로 영접한 후 거룩한 언어와 행실로 돌이켰습니다.(어느날 함께 놀던 여인을 만났을 때, 이전에 어거스틴이 아니라고 함)

"만일 우리가 그리스도와 함께 죽었으면 또한 그와 함께 살 줄을 믿노니"(롬 6:8)

예수님의 죽음과 상관없이 살았다면 예수님의 죽음을 여러분 자신의 죽음으로 받아들여야 합니다. 예수님이 죽으신 것은 바로 우리가 죽은 것입니다. 예수님께서 십자가에 죽으실 때 나의 옛 사람도 죽은 것을 믿어야 합니다. 나의 죄악 된 몸이 같이 십자가에 못 박힌 것입니다. 예수님과 함께 우리도 못 박히게 되었습니다. 예수님 혼자 못 박힌 것이 아니라, 우리의 오른손 왼손에도 못 박힌 것입니다. 오른다리 왼다리가 포개지고 그 위에 큰 대못이 박힌 것입니다.

이제 옛 생활도 함께 못 박은 것입니다

옛날의 욕심과 함께 못 박은 것입니다.

"그리스도 예수의 사람들은 육체와 함께 그 정욕과 탐심을 십자가에 못 박았느니라"(갈 5:24)

이제부터는 새로운 삶을 살아야 합니다. 죄악의 사슬을 끊어버립시다. 우리는 옛날처럼 더러운 죄악 구덩이에서 그대로 살 존재가 아닙니다. 예수님으로 인해 다시 살게 되었기 때문입니다. 이제부터는 우리 속에 주님을 주인으로 모시고 살아가기를 바랍니다.

"내가 그리스도와 함께 십자가에 못 박혔나니 그런즉 이제는 내가 사는 것이 아니요 오직 내 안에 그리스도께서 사시는 것이라 이제 내가 육체 가운데 사는 것은 나를 사랑하사 나를 위하여 자기 자신을 버리신 하나님의 아들을 믿는 믿음 안에서 사는 것이라"(갈 2:20)

십자가 위에서의 사역

누가복음 23:32~43

32 또 다른 두 행악자도 사형을 받게 되어 예수와 함께 끌려 가니라
33 해골이라 하는 곳에 이르러 거기서 예수를 십자가에 못 박고 두 행악자도 그렇게 하니 하나는 우편에, 하나는 좌편에 있더라
34 이에 예수께서 이르시되 아버지 저들을 사하여 주옵소서 자기들이 하는 것을 알지 못함이니이다 하시더라 그들이 그의 옷을 나눠 제비 뽑을새
35 백성은 서서 구경하는데 관리들은 비웃어 이르되 저가 남을 구원하였으니 만일 하나님이 택하신 자 그리스도이면 자신도 구원할지어다 하고
36 군인들도 희롱하면서 나아와 신 포도주를 주며
37 이르되 네가 만일 유대인의 왕이면 네가 너를 구원하라 하더라
38 그의 위에 이는 유대인의 왕이라 쓴 패가 있더라
39 달린 행악자 중 하나는 비방하여 이르되 네가 그리스도가 아니냐 너와 우리를 구원하라 하되
40 하나는 그 사람을 꾸짖어 이르되 네가 동일한 정죄를 받고서도 하나님을 두려워하지 아니하느냐
41 우리는 우리가 행한 일에 상당한 보응을 받는 것이니 이에 당연하거니와 이 사람이 행한 것은 옳지 않은 것이 없느니라 하고
42 이르되 예수여 당신의 나라에 임하실 때에 나를 기억하소서 하니
43 예수께서 이르시되 내가 진실로 네게 이르노니 오늘 네가 나와 함께 낙원에 있으리라 하시니라

십자가 위에서의 사역

저주받은 십자가

이 세상에서 가장 저주 받은 사람이 당하는 극형이 바로 십자가에 못 박히는 것이었습니다. 사람들은 십자가 말만 들어도 두려워했고, 십자가에 달리는 행악자들은 저주의 대상이 되었습니다. 사형수는 십자가 형에 앞서서, 즉 형장으로 떠나기 전이나 가는 길목에서 먼저 채찍질을 당해야 했습니다. 기둥에 묶인 죄수를 때리는 채찍은 가죽끈의 끝 부분에 금속 조각이 달린 것으로서 이 채찍에 맞으면 죄수의 등은 피로 얼룩지고 맞은 자국마다 찢겨진 살이 너덜거리는 참혹한 모습이 되기 마련입니다.

이 형벌은 죄수의 신체를 허약하게 함으로써 십자가에서 당할 고통의 기간을 단축시키고 죽음의 순간을 재촉한다는 점에서는 일종의 호의인 셈이었습니다. 사형수들은 보통 자신의 십자가(수직막대기가 아니라 가로대인 '파티불룸')를 처형장까지 운반해야 했습니다. 희생자는 처형장까지 행진하고 나서 처형을 당했습니다. 십자가는 고대 세계에서 가장 수치스럽고 고통스러운 사형법이었습니다. 온몸이 발가벗겨진 채 군중의 시선 앞에 노출되는 것은 팔레스틴 유대인에게는 특별히 수치스런 일이었는데다가, 범죄자에게 주어지는 냉대와 더불어 사형수는 군중이 보는 앞에서 배설을 해야만 했고, 참기 어려운 고통에 시달렸습니다. 피가 흐르는 상처에 몰려드는 벌레를 쫓을 수 없었습니다. 죄수의 체중으로 인해 몸이 늘어지면 호흡이 점점 가빠졌습니다. 발밑에 있는 받침대가 지탱에 도움을 주긴 했지만, 시간이 흐르면 마침내 기력이 쇠진하게 마련이었고, 결국(보통 며칠이 지나면) 숨을 쉬지 못하고 질식사합니다.

무서운 민심

예수님이 십자가에 달리는 것은 예루살렘 사람들에게 큰 충격이었습니다. 사람들은 혼란에 빠졌습니다. 예수님이 구세주가 아니었다는 생각과 정말 하나님을 모욕한 죄인이라는 생각 때문이었을 것입니다. 예수님께서 예루살렘에 입성하실 때만 해도 열광적으로 환영했었습니다. 그러나 이제는 모두 예수님을 향해 싸늘한 눈초리를 보냅니다. 예수님은 자신을 구원해 줄 메시야가 아니라, 십자가에 매달릴 행악자로 몰렸기 때문이었습니다. 이제 예수님은 자신들에게 아무 것도 해 줄 수 없다고 생각했습니다. 차라리 예수를 못 박는 것을 주도한 대제사장, 서기관 바리새인들의 편이 되는 것이 낫다고 생각한 것입니다. 이것이 어리석은 사람들의 민심이었습니다.

'대중영합주의' 혹은 '민중주의' 로 불리는 포퓰리즘은 정치를 비롯한 각 분야의 목적보다는 대중의 인기를 얻는 것을 목적으로 하는 것을 말합니다. '포퓰리즘' 이란 용어는 1890년대 미국의 공화당과 민주당에 대항하기 위해 탄생한 인민당이 농민과 노조의 지지를 얻기 위해 경제적인 합리성을 도외시한 선심 정책을 말합니다. 포퓰리즘의 대표적인 예로는 아르헨티나의 페론정권이 대중의 지지를 얻기 위해 선심정책으로 국가 경제를 파탄시킨 것을 예로 들고 있습니다.

지혜로운 사람은 사람들의 여론이나 백성의 생각보다 하나님의 뜻을 따릅니다.

"또 다른 두 행악자도 사형을 받게 되어 예수와 함께 끌려 가니라 해골이라 하는 곳에 이르러 거기서 예수를 십자가에 못 박고 두 행악자도 그렇게 하니 하나는 우편에, 하나는 좌편에 있더라" (32~33절)

예수님께서 사형수가 되셨습니다. 골고다 언덕으로 끌려가셔서 십자가에 못 박혔습니다. 두 행악자와 함께 죄인이 되신 것입니다.

예수님의 고통

육체의 고통

사람이 받는 그 모든 형 중에 십자가의 고통이 가장 끔찍하고 잔인한 고통이라고 합니다.

버림받은 고통

예수님에게 엄청난 육체의 고통보다 더한 고통은 하나님 아버지로부터 버림 받는 고통이었습니다. 너무나 큰 고통 때문에 겟세마네 동산에서 세 번이나 간절하게 기도하셨습니다. 예수님은 너무나 큰 고통과 아픔 때문에 고민하여 죽게 되었다고 까지 말씀하셨습니다.

"조금 나아가사 얼굴을 땅에 대시고 엎드려 기도하여 이르시되 내 아버지여 만일 할만하시거든 이 잔을 내게서 지나가게 하옵소서 그러나 나의 원대로 마옵시고 아버지의 원대로 하옵소서 하시고" (마 26:39)

버림 받는 고통처럼 처참하고 비참함은 없는 것입니다.

조롱 받은 고통

십자가 위에서 예수님은 백성과 관원 그리고 군인들로부터 조롱을 받으셨습니다.

"백성은 서서 구경하는데 관리들은 비웃어 이르되 저가 남을 구원하였으니 만일 하나님이 택하신 자 그리스도이면 자신도 구원할지어다 하고"(35절)

예수님은 비웃음을 당하셨습니다. 벌레보다 못한 자들로부터 조롱과 비난을 받으신 것입니다. 예수님은 죄인처럼 철저하게 무시당하고 모욕당하신 것입니다. 침뱉음, 주먹질, 손바닥으로 때림 등의 모욕을 당하셨고 군병들로부터 조롱을 받으셨습니다.

"군인들도 희롱하면서 나아와 신 포도주를 주며 이르되 네가 만일 유대인의 왕이면 네가 너를 구원하라 하더라"(36~37절)

군병들이 예수님을 희롱하고 있습니다. 예수님은 자신의 몸을 포기하시고 내어 놓으신 것입니다. 예수님은 모든 사람의 놀림감이 되었습니다. 예수님의 말씀까지도 조롱하고 비난했습니다. 유대인의 왕이라고 쓴 패까지도 만들어서 머리위에 달아놓았습니다. 아무도 예수님을 인정하지 않았습니다. 예수님의 말씀, 예수님의 사랑과 행하신 일들, 모든 것을 무시했습니다.

하나님의 지극하신 사랑을 짓밟았습니다. 하나님의 사랑을 그대로 받아들이지 못한 백성들의 무지를 볼 수 있습니다. 사람이 이렇게 비방과 모욕을 당하면 어떻게 되겠습니까? 보통 사람 같으면 벌써 미치고 말았을 것입니다.

행악자로부터도 조롱 받으심

십자가에 매달린 행악자까지도 예수님을 비방했습니다.

"달린 행악자 중 하나는 비방하여 이르되 네가 그리스도가 아니냐 너와 우리를 구원하라 하되" (39절)

죄인인 사형수가 예수님을 비난한 것입니다.

살기만을 바라는 어리석은 행악자의 모습입니다. 현재의 고통과 죽음을 피해 보기 위해 예수님을 비방하는 어리석은 행악자입니다.

이 사람은 이 땅에서도 죄인이었고 죽음 이후에도 영원한 죄인으로 남게 된 것입니다. 이에 대해 예수님은 안타까운 마음으로 침묵하십니다. 살기 위해 악을 쓰며 예수님께 말하는 이 사람에게 예수님은 침묵하십니다. 예수님은 이 사람에게 해 줄 수 있는 것이 없었기 때문입니다. 오늘날 많은 사람이 교회를 다니고 미션스쿨을 다녀도 예수님에 대해 잘 몰라서 예수님을 비난하고 자신의 문제 해결만을 요구하는 경우 이 행악자 같은 결말을 보게 되는 사람도 많을 것입니다. 예수님은 이 사람을 보시며 아무 것도 해 줄 수 없다는 사실이 안타까우셨을 것입니다.

십자가에서 예수님께서 하신 일

핏줄이 터지고 부러진 뼈가 살을 찌르는 고통 가운데 예수님은 우리를 위해 일하고 계셨습니다. 모든 것을 포기하고 고통 가운데 죽음을 기다리신 것이 아니라 하실 일을 하신 것입니다. 십자가의 끔찍한 고통 가운데서 말입니다.

용서하심

"이에 예수께서 이르시되 아버지 저들을 사하여 주옵소서 자기들이 하는 것을 알지 못함이니이다 하시더라 그들이 그의 옷을 나눠 제비 뽑을새"(34절)

엄청난 고통 가운데 예수님께서 첫 번째로 하신 일이 자신을 십자가에 못 박고, 저주하고 조롱하는 자들을 용서하신 것입니다. 예수님의 십자가에서의 첫 마디는 용서로 시작하신 것입니다. 자신을 못 박고 비방하는 폭도들과 짐승같은 짓을 하고 있는 그들을 향해 용서해 달라고 기도하셨습니다. '사하여 주옵소서' 자신을 못 박으며 비난하고 있는 자들을 용서해 달라고 중보기도하고 계신 것입니다. '자기의 하는 것을 알지 못함이니이다'

십자가 위에서도 계속하신 구원사역

예수님께서 이 땅에 오셔서 하신 첫 번째 말씀은 마태복음 4장에 나옵니다.

"이 때부터 예수께서 비로소 전파하여 이르시되 회개하라 천국이 가까이 왔느니라 하시더라"(마 4:17)

구원받은 행악자

예수님은 십자가 위에서도 구원사역을 하셨습니다.

가장 극악무도한 행악자를 구원해 주셨습니다. 두 사람은 똑같은 죄를 범하고, 같이 감방에서 밥도 먹고 잠도 잤을 것입니다. 그런데 두 사람의 결국은 달랐습니다. 두 사람 모두 예수의 소문을 들었습니다. 기적을 행하고 병을 고치시며, 능력 있는 말씀을 선포하셨음을 들었습니다. 그런데 한 명은 무감각했고, 한 명의 행악자는 예수님을 알려고 노력했습니다.

"하나는 그 사람을 꾸짖어 이르되 네가 동일한 정죄를 받고서도 하나님을 두려워하지 아니하느냐"(40절)

복있는 사람은 깨닫는 사람입니다. 공자는 나이 오십을 '지천명'이라고 했는데 하늘의 뜻을 깨달았다는 뜻입니다. 깨닫지 못하는 사람은 희망이 없습니다. 무조건 살고 싶어 하는 사람과 예수님에 대해 깨달은 사람의 결과는 천국과 지옥이었습니다. 하나님은 깨닫는 사람에게 기회를 주십니다.

하나님 앞에서 가장 큰 깨달음은 죄에 대한 깨달음입니다. 강도는 자신이 잘못 살아 온 것을 알았습니다. 자신이 죄인임을 깨닫는 순간 자신 뿐 아니라 세상을 변화시키게 됩니다. 어거스틴은 참회록을 쓴 대 교부가 되어 기독교에 큰 영향력을 끼쳤습니다. 사도 바울은 자신이 죄인임을 깨닫는 순간, 소아시아와 로마를 복음화 시키는 일에 쓰임을 받게 되었습니다.

"미쁘다 모든 사람이 받을 만한 이 말이여 그리스도 예수께서 죄인을 구원하시려고 세상에 임하셨다 하였도다 죄인 중에 내가 괴수니라"(딤전 1:15)

죄인임을 알기 시작할 때 새로운 역사가 시작되는 것입니다.

"우리는 우리가 행한 일에 상당한 보응을 받는 것이니 이에 당연하거니와 이 사람이 행한 것은 옳지 않은 것이 없느니라 하고"(41절)

죄에 대한 대가를 마땅히 여기는 것은 참으로 중요합니다. 구원 받은 행악자는 예수님을 바로 알고 있었습니다.

모든 사람들은 예수님에 대해 진지하지 못했습니다. 예수님께서 행하신 사역을 보았음에도 대제사장의 편에 서서 죽이라고 했으며 많은 사람들은 분위기와 군중심리에 휩싸였습니다. 대세를 따랐던 것입니다.

신앙생활 할 때 좀 진지해질 필요가 있습니다. 분위기에 휩쓸리고 내 자신의 이익과 욕심을 채우기 위한 방향으로 행동해서는 안 됩니다.

이 사람은 예수님께서 죄 없으신 분임을 알고 있었습니다. 예수님은 죄가 없으신 분으로 애매한 고난을 받고 있음을 믿었습니다. 천국에 대한 소망을 가진 자였습니다.

"이르되 예수여 당신의 나라에 임하실 때에 나를 기억하소서 하니"(42절)

구원받은 행악자는 오늘보다 내일을 생각했습니다. 이 땅보다 미래를 생각했습니다. 이 땅에서는 죄인으로 죄값을 받고 죽지만 죽음 이후를 포기하지 않았습니다.

절망적으로 죽어가는 죄인도 예수님을 원하면 소망은 있습니다

모든 것이 끝난 것처럼 보인 죄인이었지만 자신을 포기하지 않았습니다. 예수님을 만나면 절망적인 죄인도 소망이 있습니다. 예수님과 함께 낙원을 소유하게 됩니다.

"예수께서 이르시되 내가 진실로 네게 이르노니 오늘 네가 나와 함께 낙원에 있으리라 하시니라"(43절)

예수님의 영혼 사랑의 열정은 어떤 경우에도 막을 수 없습니다. 최고의 그 고통인 십자가 위에서도 한 영혼을 구원하신 것입니다. 모든 사람들이 포기한 행악자도 구원하신 것입니다.

전도의 긴급성

전도의 긴급성을 깨달아야 합니다. 예수님은 이 행악자의 간구에 즉시 대답하셨습니다.

"예수께서 이르시되 내가 진실로 네게 이르노니 오늘 네가 나와 함께 낙원에 있으리라 하시니라"(눅 23:43)

전도는 너무나 긴급한 일이기 때문입니다. 한 영혼을 구원하는 것이 가장 중요한 일이기 때문입니다. 죄를 인정하고 예수님을 믿을 때, 지체하지 않고 바로 말씀하셨습니다. 우리도 전도의 긴급성을 깨닫고 지체하지 말아야 합니다. 죽어가는 수많은 사람들에게 빨리 복음을 전해야 합니다. 때를 얻든지 못 얻든지 전해야 합니다.

"너는 말씀을 전파하라 때를 얻든지 못 얻든지 항상 힘쓰라 범사에 오래 참음과 가르침으로 경책하며 경계하며 권하라"(딤후 4:2)

십자가는 구원의 십자가입니다

　십자가는 우리에게 축복입니다. 모든 인류를 구원하기 위한 십자가입니다. 십자가를 통해 죄로부터 용서 받고 구원 받습니다. 십자가는 사랑의 십자가이며, 용서의 십자가입니다. 아이작 왓츠는 십자가를 이렇게 표현했습니다.

　'십자가, 십자가 내가 처음 볼 때에 나의 맘에 큰 고통 사라져, 오늘 믿고서 내 눈 밝았네 참 내 기쁨 영원하도다'

　아이작 왓츠의 고백이 우리 모두의 고백이 되기를 바랍니다.

　행악자가 마음의 문을 여는 순간 구원을 받았습니다. 예수님은 오늘 이 자리에 오신 여러분에게도 이 구원의 복을 주고 싶어 하십니다. 여러분의 과거가 어떠하든지 오늘 이 자리에서 예수님을 믿으면 여러분은 구원받게 됩니다. 이 사실을 믿으시기 바랍니다.

　"수고하고 무거운 짐 진 자들아 다 내게로 오라 내가 너희를 쉬게 하리라"(마 11:28)

　지금까지의 모든 짐을 예수님께 내려놓고 예수님을 구세주로 영접하여 천국을 소유하는 여러분들이 되시길 바랍니다.

예수님의 부활

고전 15:12~20

12 그리스도께서 죽은 자 가운데서 다시 살아나셨다 전파되었거늘 너희 중에서 어떤 사람들은 어찌하여 죽은 자 가운데서 부활이 없다 하느냐
13 만일 죽은 자의 부활이 없으면 그리스도도 다시 살아나지 못하셨으리라
14 그리스도께서 만일 다시 살아나지 못하셨으면 우리가 전파하는 것도 헛것이요 또 너희 믿음도 헛것이며
15 또 우리가 하나님의 거짓 증인으로 발견되리니 우리가 하나님이 그리스도를 다시 살리셨다고 증언하였음이라 만일 죽은 자가 다시 살아나는 일이 없으면 하나님이 그리스도를 다시 살리지 아니하셨으리라
16 만일 죽은 자가 다시 살아나는 일이 없으면 그리스도도 다시 살아나신 일이 없었을 터이요
17 그리스도께서 다시 살아나신 일이 없으면 너희의 믿음도 헛되고 너희가 여전히 죄 가운데 있을 것이요
18 또한 그리스도 안에서 잠자는 자도 망하였으리니
19 만일 그리스도 안에서 우리가 바라는 것이 다만 이 세상의 삶뿐이면 모든 사람 가운데 우리가 더욱 불쌍한 자이리라
20 그러나 이제 그리스도께서 죽은 자 가운데서 다시 살아나사 잠자는 자들의 첫 열매가 되셨도다

예수님의 부활

부활이 있다(12절)

"그리스도께서 죽은 자 가운데서 다시 살아나셨다 전파되었거늘 너희 중에서 어떤 사람들은 어찌하여 죽은 자 가운데서 부활이 없다 하느냐"(12절)

성경은 너무나 강하게 부활이 있다고 말씀하고 있습니다. 신약성경에만 부활에 대해 100번 이상 언급하고 있습니다. 사람의 생각으로 부활이 이해될 수 없습니다. 그러나 부활은 신비요 축복입니다.

성경은 이 사실들을 분명하게 제시하고 있습니다.

고전 15장 3~8절은 예수님의 부활을 본 사람이 오백 명도 더 된다고 말씀하고 있습니다. 예수님께서 죽으시기 전에는 제자들은 겁이 많았습니다. 예수님께서 십자가에 달리시기 전날 밤에 그들은 도망을 쳤습니다. 베드로는 예수님을 부인했습니다. 그러나 예수님께서 부활하신 후 그들은 담대하게 그리스도를 전했습니다. 그들은 부활이 있다는 사실을 안 다음부터 죽음을 겁내지 않았습니다. 그들은 살아계신 주님을 모시고 있었기 때문입니다.

부활이 없다면

그리스도께서 다시 살아나지 않으셨을 것입니다(13절)

"만일 죽은 자의 부활이 없으면 그리스도도 다시 살아나지 못하셨으리라"(13절)

우리의 믿음은 헛것입니다(14절)

"그리스도께서 만일 다시 살아나지 못하셨으면 우리가 전파하는 것도 헛것이요 또 너희 믿음도 헛것이며"(14절)

부활의 중요성을 엿볼 수 있습니다.

복음 전할 필요도 없습니다(14절)

프랑스 철학자 꽁트가 영국의 시인 칼라일에게 "나는 기독교를 대신할 종교를 창설하려고 합니다. 모든 신비를 배제할 것이기에 구구법과 같이 분명한 것이 될 것입니다."라고 말하자 칼라일이 대답했습니다. "매우 좋은 생각이지만 그 전에 할 일이 있습니다. 당신은 과거에 아무도 하지 않았던 말을 하고 보통사람 보다 특이한 생활을 하다가 십자가형을 받고 죽은 후 3일 만에 살아나서 모든 사람들이 당신이 살아있다는 것을 믿도록 해야 합니다. 그렇게 한다면 당신의 종교는 비로소 생명을 얻게 되고 그 생명을 유지 할 수 있습니다." 부활이 없고 생명이 없는 종교는 거짓임을 알아야 합니다.

우리가 거짓증인이 될 것입니다(15절)

"또 우리가 하나님의 거짓 증인으로 발견되리니 우리가 하나님이 그리스도를 다시 살리셨다고 증언하였음이라 만일 죽은 자가 다시 살아나는 일이 없으면 하나님이 그리스도를 다시 살리지 아니하셨으리라"

부활이 있기에

죽은 자가 다시 살아납니다(16절)

"만일 죽은 자가 다시 살아나는 일이 없으면 그리스도도 다시 살아나신 일이 없었을 터이요"(16절)

죽은 자가 다시 살아날 뿐 아니라 그리스도도 다시 사셨습니다. 우리에게 대단히 희망을 주는 말씀입니다. 인생은 죽음으로 끝나는 존재가 아니구나 하는 것을 알 수가 있습니다. 인생은 죽음으로 끝나는 허무한 존재가 아닙니다. 부활은 인생의 육체적인 죽음이 끝이 아님을 가르쳐 줍니다.

부활이 있기에 우리가 믿는 것입니다(17절)

"그리스도께서 다시 살아나신 일이 없으면 너희의 믿음도 헛되고 너희가 여전히 죄 가운데 있을 것이요"(17절)

부활이 없으면 믿을 필요가 없습니다. 인생이 믿을 대상은 살아 계신 하나님이요 죄로부터 우리를 구원해 주실 예수님도 부활하셨기 때문에 우리의 죄가 용서 받은 것입니다. 오늘날 많은 사람들은 비인격적인 우상(청동이나 흙 또는 돌로 만든 것)을 믿으면서도 그 우상이 그들을 지켜 줄 것으로 착각합니다.

죄문제를 완전히 해결 받았습니다(17절)

"…너희가 여전히 죄 가운데 있을 것이요"(17절)

예수님의 부활로 우리는 죄로부터 해방을 받았습니다. 그 누구도 죄 문제를 해결해 줄 수 없습니다. 죄로 인해 인생이 파멸된 사람들에게 그 어떤 것도 소용이 없습니다. 오직 예수 그리스도만이 필요한 것입니다. 세상의 어떤 방법도 아닙니다.

"예수는 우리 범죄함을 위하여 내어 줌이 되고 또한 우리를 의롭다 함을 위하여 살아나셨느니라"(롬 4:25)

부활이 있기 때문에 예수 믿고 죽은 자가 망하지 않습니다(18절)

"또한 그리스도 안에서 잠자는 자도 망하였으리니"(18절)

예수 믿고 죽은 자는 끝난 인생이 아니라 소망이 있습니다. 왜냐

하면 부활이 있기 때문입니다. 부활이 없는 종교는 죽은 종교입니다. 죽음 하나 이기지 못하는 자가 무슨 구원자입니까?

부활이 없다고 믿는 자들은 이 세상만이 가치 있는 곳이라고 생각하며 삽니다(19절)

"만일 그리스도 안에서 우리가 바라는 것이 다만 이 세상의 삶뿐이면 모든 사람 가운데 우리가 더욱 불쌍한 자이리라"(19절)

최고가 되고자 하는 사람들 때문에 이 세상은 참으로 인생 경기장입니다. 어떤 경우는 피도 눈물도 없습니다. 부활이 없고 내일이 없기에 수단과 방법을 가리지 않고 사람들을 죽이고 깔아뭉갭니다. 만약 부활이 없고 이 세상의 가치가 전부라고 한다면 그리스도인들은 불쌍한 자들입니다. 그러나 그리스도인들은 불쌍한 자가 아니라 가장 행복한 자입니다.

부활이 있기에 인생을 진지하게 살아야 합니다. 부활로 주어지는 새로운 삶을 준비하며 살아야 합니다.

우리도 부활합니다(20절)

"그러나 이제 그리스도께서 죽은 자 가운데서 다시 살아나사 잠자는 자들의 첫 열매가 되셨도다"(20절)

예수님은 부활의 증인이 되셨습니다.

예수님은 살아계신 분입니다

죽은 신을 믿는 사람들이 많습니다. 죽은 자가 무엇을 해 줄 수 있습니까? 그리고 인생 최대의 문제인 죽음하나 해결하지 못하는 신이 무슨 신이며 구원자입니까? 예수님은 요10:18에서 '나는 내 목숨을 버릴 권세도 있고 다시 얻을 권세도 있다' 고 하셨습니다.

살아계시기에 우리와 함께 하실 수 있습니다. 살아계신 예수님은 우리의 삶을 도우시고 근심하시고 사랑하십니다. 성령님을 통해 우리에게 계속해서 우리의 삶을 주장하시고 돌보아 주십니다. 성경에는 내가 너와 함께 하리라는 말씀이 많이 기록되어 있습니다.

"내가 너희에게 분부한 모든 것을 가르쳐 지키게 하라 볼지어다 내가 세상 끝날까지 너희와 항상 함께 있으리라 하시니라" (마 28:20)

"볼지어다 내가 문 밖에 서서 두드리노니 누구든지 내 음성을 듣고 문을 열면 내가 그에게로 들어가 그와 더불어 먹고 그는 나와 더불어 먹으리라" (계 3:20)

살아계신 주님이 우리를 천국까지 인도하십니다.

"내 아버지 집에 거할 곳이 많도다 그렇지 않으면 너희에게 일렀으리라 내가 너희를 위하여 거처를 예비하러 가노니 가서 너희를 위하여 거처를 예비하면 내가 다시 와서 너희를 내게로 영접하여 나 있는 곳에 너희도 있게 하리라" (요 14:2~3)

천국에서 영원히 사는 감격을 주셨습니다.

산다는 것은 즐거운 것입니다. 살아 있는 감격을 느끼십니까? 하나님께 감사드립시다. 인간을 사랑하시는 하나님의 사랑입니다. 영원한 삶의 감격을 주기를 원하시는 주님을 사랑하시기 바랍니다.

예수님을 구세주로 영접하십시오. 당신의 죄 때문에 죽으시고 다시 살아나심을 믿으십시오.

옛날 어떤 왕이 매일 여러 가지 장식이 달린 눈부신 의복을 입고 거울 앞에서 자신의 자랑스러운 모습을 보며 자랑했습니다. 백성은 굶주리는 동안에도 왕은 자기만을 생각했습니다. 어느날 시종이 왕이 매일 들여다보던 거울을 치워버렸습니다. 다음날 왕이 자기의 모습을 보려고 거울을 찾았으나 거울은 보이지 않고 거울이 있던 자리에는 창문이 있었고 거리를 오가는 사람들을 볼 수 있었습니다. 창문 밖을 오가는 사람들은 지치고 굶주린 모습이었습니다. 창백한 여인과 굶주린 아이를 보았고, 먹을 것을 찾으며 쓰레기통을 뒤지는 아이들과 허리가 구부러진 노인들도 볼 수 있었습니다. 왕은 자기의 화려한 의복을 벗어 버리고 평민들이 입는 소박한 옷으로 갈아입고 백성들 가운데로 나아가 그들의 소리에 귀를 기울여 그들의 아픔을 함께 나누었다고 합니다.

자신에게만 관심을 가지느라 욕심과 이기심으로 가득 찬 사람들은 예수님이 보이지 않습니다. 예수님의 음성도 들리지 않습니다. 사람에게는 언제까지 기회가 있는 것이 아닙니다. 당신도 자신만을 보느라 정신없는 삶을 살고 있지는 않습니까? 예수님을 바라보세요. 예수님은 당신을 위해 부활하셨습니다. 살아가신 예수님은 당신을 사랑하시고 기다리십니다. 예수님을 믿고 그 분을 당신의 삶 속에 주인으로 모시면 삶이 달라질 것입니다.

살아계신 주님을 만나자

마가복음 16:1~11

1 안식일이 지나매 막달라 마리아와 야고보의 어머니 마리아와 또 살로메가 가서 예수께 바르기 위하여 향품을 사다 두었다가
2 안식 후 첫날 매우 일찍이 해 돋을 때에 그 무덤으로 가며
3 서로 말하되 누가 우리를 위하여 무덤 문에서 돌을 굴려 주리요 하더니
4 눈을 들어본즉 벌써 돌이 굴려져 있는데 그 돌이 심히 크더라
5 무덤에 들어가서 흰 옷을 입은 한 청년이 우편에 앉은 것을 보고 놀라매
6 청년이 이르되 놀라지 말라 너희가 십자가에 못 박히신 나사렛 예수를 찾는구나 그가 살아나셨고 여기 계시지 아니하니라 보라 그를 두었던 곳이니라
7 가서 그의 제자들과 베드로에게 이르기를 예수께서 너희보다 먼저 갈릴리로 가시나니 전에 너희에게 말씀하신 대로 너희가 거기서 뵈오리라 하라 하는지라
8 여자들이 몹시 놀라 떨며 나와 무덤에서 도망하고 무서워하여 아무에게 아무 말도 하지 못하더라
9 예수께서 안식 후 첫날 이른 아침에 살아나신 후 전에 일곱 귀신을 쫓아내어 주신 막달라 마리아에게 먼저 보이시니
10 마리아가 가서 예수와 함께 하던 사람들이 슬퍼하며 울고 있는 중에 이 일을 알리매
11 그들은 예수께서 살아나셨다는 것과 마리아에게 보이셨다는 것을 듣고도 믿지 아니하니라

살아계신 주님을 만나자

절망 중에 준비한 향품

믿음은 절망을 보는 것이 아니라, 절망 뒤에 있는 소망을 캐내는 것입니다. 이미 죽음으로 모든 것이 끝났다고 포기하며 울고 있는 사람(10절)들이 있는가 하면 절망 중에도 해야할 일을 찾아서 하는 사람이 있습니다. 사랑하기 때문에 가능한 것입니다. 새로운 날이 다가올 때 무슨 일을 할 것인가를 생각하고 그 일에 동참하는 모습은 참으로 아름다운 모습입니다.

'안식일' 곧 토요일 자정이 지나고 유대인의 새 날인 일요일이 시작되었습니다. 여인들은 향품을 준비했습니다. 향품은 시신에서 풍기는 악취를 막기 위해서 시신 위에 뿌려졌고 이는 사랑의 헌신을 표현하기도 하였습니다. 예수님의 죽음 후에 향품을 준비한 여인들은 바로 예수님을 사랑한 사람들이었습니다.

이른 아침부터 예수님을 찾음

여인들은 이른 아침부터 예수님을 찾아갔습니다.

하나님의 일은 부지런히 해야 합니다. 새벽부터 일어나 예수님의 시체가 누워 있는 무덤으로 갔던 그들은 놀라움과 감격에 사로잡힐 수밖에 없었습니다. 죽은 시체를 보러간 그들은 살아있는 예수님을 만나는 감격을 누리게 된 것입니다.

세상의 일에는 부지런 하지만 하나님의 일에는 게으른 경우가 많이 있습니다. 이런 자는 하나님이 주시는 감격은 소유할 수 없습니다. 하나님으로부터 오는 감격을 누립시다. 그 감격을 하나님의 일에 부지런한 자의 몫입니다. 인생은 새벽부터 하나님을 찾아야 합니다. 생명과 하루의 일과를 주신 분도 하나님이시오 인도하신 분도 하나님이시기 때문입니다.

새벽에 열심히 주님을 만나기를 원하면 하루 종일 살아계신 주님이 우리를 위해 일하시는 것을 체험하게 될 것입니다. 그러므로 주님을 찾는 일에 부지런해야 합니다. 부지런한 자에게 감격이 있습니다. 주님을 찾는데 열심을 가지는 것은 어리석은 일이 아니라 바로 자신의 삶을 사랑하는 것입니다.

"부지런하여 게으르지 말고 열심을 품고 주를 섬기라" (롬 12:11)

염려를 안고 찾아간 무덤

"서로 말하되 누가 우리를 위하여 무덤 문에서 돌을 굴려 주리요 하더니"(3절)

여인들은 예수님을 만나러 가며 큰 돌에 대한 염려를 하고 있습니다. 그러나 큰 돌은 이미 치워져 있었습니다. 여인들이 하고 있는 일은 주님을 만나러 가는 일이었습니다. 그러므로 주님께서 그 장애물을 해결하신 것입니다. 주님을 만나러 가는 자의 어떤 장애물도 주님께서는 치워 주십니다. 성경을 보면 혈루증 앓고 있는 여인이나 어린 아이들이 주님께 나아갈 때 주님은 방해 하는 제자들을 꾸짖으신 것을 볼 수 있습니다. 주님께 나아갈 때 주님은 그 장애물 뿐 아니라 그 외의 장애물도 해결해 주십니다. 주님께 나아갈 때는 결코 상황이 악화되지 않습니다. 과정의 어려움 보다는 결과를 보아야 합니다.

"눈을 들어본즉 벌써 돌이 굴려져 있는데 그 돌이 심히 크더라" (4절)

최고의 기쁜 소식을 들음

"청년이 이르되 놀라지 말라 너희가 십자가에 못 박히신 나사렛 예수를 찾는구나 그가 살아나셨고 여기 계시지 아니하니라 보라 그를 두었던 곳이니라"(6절)

죽은 예수를 만나러 갔다가 살아 계신 예수님을 만났을 때의 감격을 생각해봅시다. 죽은 자가 살아나신 것입니다.

"여자들이 몹시 놀라 떨며 나와 무덤에서 도망하고 무서워하여 아무에게 아무 말도 하지 못하더라"(8절)

부활의 소식은 너무나 놀라운 소식이었습니다. 이 소식을 들은 그들은 두려움에 어쩔줄 몰라했습니다. 여자들의 감정은 기쁨과 무서움이었습니다. 여기서 "심히 놀라"라는 의미는 '극한 무서움을 느끼는 동시에 황홀한 기쁨에 빠져드는 상태' 입니다. 제자들도 이 소식을 믿으려 하지 않았습니다. 믿음은 믿을 수 없는 것을 믿는 것입니다.

"그들은 예수께서 살아나셨다는 것과 마리아에게 보이셨다는 것을 듣고도 믿지 아니하니라"(11절)

믿음은 인간의 상식선에서 이해가 되지 않습니다. 우리가 믿는 하나님이 우리의 상식으로 이해할 수 없기 때문입니다.

그러므로 예수님의 부활은 신비스러운 일입니다. 예수님은 부활하셨습니다.

그러므로 살아 있는 기쁨과 감격을 맛보는 것이 바로 믿음인 것입니다.

부활의 의미

그리스도인들에게 절망은 없습니다. 부활은 인생에게 끝은 죽음이지만, 죽음 이후의 부활이 보장되어 있기에 그리스도인에게는 절망은 없다는 것을 보여 주는 놀라운 사건입니다. 예수님의 부활은 그리스도인에게는 죽음이 끝이 아님을 분명하게 보여 준 사건입니다. 성경에는 영생이라는 단어가 많이 나옵니다. 이는 인생은 죽음이 끝이 아님을 보여 줍니다.

"하나님이 세상을 이처럼 사랑하사 독생자를 주셨으니 이는 그를 믿는 자마다 멸망하지 않고 영생을 얻게 하려 하심이라"(요 3:16)

"아들을 믿는 자에게는 영생이 있고 아들에게 순종하지 아니하는 자는 영생을 보지 못하고 도리어 하나님의 진노가 그 위에 머물러 있느니라"(요 3:36)

죽음 이후에 다시 살 수 있는 것은 최고의 복입니다. 이 세상의 그 무엇과 비교할 수 없는 최고의 가치입니다. 생명을 무엇으로 살 수 있습니까? 어떤 방법도 불가능합니다. 단지 믿음으로만 얻을 수 있는 복인 것입니다.

"그들은 다시 죽을 수도 없나니 이는 천사와 동등이요 부활의 자녀로서 하나님의 자녀임이라"(눅 20:36)

"선한 일을 행한 자는 생명의 부활로, 악한 일을 행한 자는 심판

의 부활로 나오리라"(요 5:29)

"그들이 기다리는 바 하나님께 향한 소망을 나도 가졌으니 곧 의인과 악인의 부활이 있으리라 함이니이다"(행 24:15)

죽은 자에게 부활이 있음을 미리 보여준 확실한 증거

"만일 죽은 자의 부활이 없으면 그리스도도 다시 살아나지 못하셨으리라"(고전 15:13)

사는 것은 모든 사람들의 소망입니다. 영원히 살 수 있는 부활이 있음을 믿으시기 바랍니다.

"그들이 기다리는 바 하나님께 향한 소망을 나도 가졌으니 곧 의인과 악인의 부활이 있으리라 함이니이다"(행 24:15)

이 세상에서 죽음을 해결할 능력은 없습니다. 바로 하나님의 능력에 의해서만 가능합니다. 부활은 이 세상 최고의 능력입니다. 이 능력은 예수님을 믿는 모든 자에게 임하는 능력인 것입니다.

예수님의 부활을 가장 먼저 본 자는 막달라 마리아였습니다.

"예수께서 안식 후 첫날 이른 아침에 살아나신 후 전에 일곱 귀신을 쫓아내어 주신 막달라 마리아에게 먼저 보이시니"(막 16:9)

이 세상 사람들 같으면 일곱 귀신 든 여인인 막달라 마리아를 좋지 못한 과거를 가진 여자로 생각하여 만나주겠습니까? 그러나 주님은 누구나 만나 주십니다. 주님을 향한 사랑과 믿음을 가진 자에게는 언제나 나타나 보여 주시는 것입니다. 신앙생활 가운데 열정과 부지런함을 가지는 자는 누구나 주님의 살아계심을 눈으로 보는 것처럼 체험할 수 있습니다. 그러나 만나도 그만 안 만나도 그만이라는 생각으로 신앙 생활하는 사람들은 기억 속에서의 주님이나, 돌아가신 과거의 주님, 아니면 단지 머릿속에 계신 주님으로 남아 있게 될 것입니다. 죽은 사람에 대한 추억은 사람에게 큰 유익이 없습니다. 오늘을 사는 인생에게 주님은 오늘 나타나셔야 합니다. 성경은 여러 곳에서 믿는 자와 오늘 함께 하시는 주님에 대해 말씀하고 있습니다.

"보라 처녀가 잉태하여 아들을 낳을 것이요 그의 이름은 임마누엘이라 하리라 하셨으니 이를 번역한즉 하나님이 우리와 함께 계시다 함이라"(마 1:23)

"예수께서 이르시되 내가 진실로 네게 이르노니 오늘 네가 나와 함께 낙원에 있으리라 하시니라"(눅 23:43)

"예수 그리스도는 어제나 오늘이나 영원토록 동일하시니라"(히 13:8)

막달라 마리아처럼 다시 사신 주님을 만나기를 바랍니다. 믿음은 옛날의 일을 이야기 하는 과거신앙이 아니라 예수님의 십자가의 죽음과 함께 부활의 기쁨을 누리는 것입니다. 살아계신 주님을 모시고 살아가는 능력 있는 그리스도인이 되어야 합니다. 부활의 주님을 만나지 못한 사람은 그 신앙이 힘이 없고 지식적인 상태에 머물 뿐 아니라 언제나 건조하고 맥없는 신앙생활을 할 수밖에 없을 것입니다. 오늘 이 자리에 참석한 여러분이 부활의 주님을 만나 기쁨과 감격을 누리며 주님과 동행하는 삶을 살아가기를 바랍니다.

부활은 능력이다

데살로니가전서 4:13~18

13 형제들아 자는 자들에 관하여는 너희가 알지 못함을 우리가 원하지 아니하노니 이는 소망 없는 다른 이와 같이 슬퍼하지 않게 하려 함이라
14 우리가 예수께서 죽으셨다가 다시 살아나심을 믿을진대 이와 같이 예수 안에서 자는 자들도 하나님이 그와 함께 데리고 오시리라
15 우리가 주의 말씀으로 너희에게 이것을 말하노니 주께서 강림하실 때까지 우리 살아 남아 있는 자도 자는 자보다 결코 앞서지 못하리라
16 주께서 호령과 천사장의 소리와 하나님의 나팔 소리로 친히 하늘로부터 강림하시니 그리스도 안에서 죽은 자들이 먼저 일어나고
17 그 후에 우리 살아 남은 자들도 그들과 함께 구름 속으로 끌어 올려 공중에서 주를 영접하게 하시리니 그리하여 우리가 항상 주와 함께 있으리라
18 그러므로 이러한 말로 서로 위로하라

부활은 능력이다

데살로니가 교인 중에 죽음 이후에 대해 의문을 가지고 불안해하는 자들이 있었습니다. 그들에게 하나님께서 바울을 통해 성도들의 죽음 후의 의문을 말씀하고 있는 내용입니다.

성경에는 죽음을 '자는 자'라고 표현합니다.
"다윗이 그의 조상들과 함께 누워 다윗 성에 장사되니"(왕상 2:10)
그리스 사람들도 죽음을 잔다고 표현했습니다. 시인 호머(Homer)는 자신의 글 중에 전쟁에서의 죽음을 표현할 때 '그는 청동같이 잠들었다'라고 죽음을 표현했습니다. 그러나 그리스인들이나 불신자들은 '죽음의 잠'을 깨어날 수 없는 '영원한 잠'으로 인식하고 있습니다. 그러나 예수님의 부활은 죽음에 대해 반란을 일으킨 것입니다. 다시 살아날 것을 선포했기 때문입니다.

예수님의 부활이 가져온 감격

예수님께서는 십자가에 죽으셨다가 삼일 만에 살아나셨습니다. 이 부활은 우리에게 엄청난 영향을 미치고 있습니다. 부활은 일반적인 생각을 뒤엎고 있습니다. 인간의 한계를 극복한 놀라운 사건입니다.

예수의 죽었다가 다시 사심을 믿으면(14절)
죽음 후의 비밀을 알게 됨(13절)

"형제들아 자는 자들에 관하여는 너희가 알지 못함을 우리가 원하지 아니하노니 이는 소망 없는 다른 이와 같이 슬퍼하지 않게 하려 함이라"(13절)

하나님은 죽음 후의 비밀을 알려 주셨습니다. 믿음을 가진 자들에게는 죽음 이 후는 비밀이 아닌 것입니다. 사람들은 죽은 후에 일을 알 수가 없습니다. 영원한 비밀이라고 생각합니다. 그러나 이 비밀을 믿음을 통해 알 수 있습니다. 그 당시 이교도들이 죽음에 직면해서 가졌던 생각은 그들의 문학 작품이나 비문(碑文)에 잘 반영되어 있습니다. 데오크리투스(Theocritus)는 그의 글에서 "희망은 산 자를 위한 것이며 죽음에는 희망이 없다"라고 했습니다.

죽음은 최고의 슬픔이 아닙니다.(13절)

소망이 있기 때문입니다. 죽음이 끝이고 영원한 이별이라고 생각하면 슬퍼할 수밖에 없습니다. 그러나 죽음은 슬픔이 아니라고 합니다.

만남의 감격이 있다(14~15절)

나를 사랑하는 자를 다시 만난다는 것은 참으로 기쁜 일입니다. 믿음을 가진 자의 죽음은 이런 감격을 맛볼 수 있습니다. 이산 가족이 만나는 감격을 보셨습니까?

죽음 후 부활하여 만남의 감격으로 기뻐할 것을 상상해 볼 수 있습니다. 천국은 영원한 만남의 축제가 있는 곳이 아니겠습니까?

하나님은 이 세상에서도 우리와 함께 하십니다. 그런데 죽음 후에도 함께 하신다고 말씀하고 계십니다. 그러나 단서가 있습니다. 예수의 죽었다가 살아나심을 믿어야 합니다. 이것이 믿음의 능력입니다. 예수님의 부활의 능력을 믿을 때에 죽음 이후에도 하나님께서 다가오셔서 손을 잡아 주시는 영광을 맛보게 됩니다. 하나님께서 예수 믿고 죽은 자의 손을 잡고 계심을 생각해 봅시다. 하나님께서 예비하신 곳까지 함께 가는 영광을 얻게 되는 것입니다.

"우리가 주의 말씀으로 너희에게 이것을 말하노니 주께서 강림하실 때까지 우리 살아 남아 있는 자도 자는 자보다 결코 앞서지 못하

리라"(살전 4:15)

그리스도인에게는 죽음의 순서가 큰 의미가 없습니다. 물론 이 세상에서 오래 살지 못함에 대한 안타까움은 있을 것입니다. 그러나 중요한 것은 모두 주님을 만난다는 것입니다.

예수님은 우리를 위해 십자가에 죽으시고 부활하셨습니다. 우리를 너무 사랑하셔서 인간의 몸을 입고 이 땅에 오신 분입니다. 백마 타고 오는 왕자와 비교될 수 없고, 천사 같은 공주와 비교되지 않는 분입니다.

재림시에 나타나는 대 사건

"주께서 호령과 천사장의 소리와 하나님의 나팔 소리로 친히 하늘로부터 강림하시리니 그리스도 안에서 죽은 자들이 먼저 일어나고"(살전 4:16)

예수님의 부활로 믿는 자에게 부활이 있다고 말씀하신 내용은 예수님의 재림으로 실제적으로 그 놀라운 부활의 기적이 실현되는 것입니다.

죽은 자의 부활

예수님께서 재림하실 때, 예수 믿고 죽은 자들이 먼저 살아납니다. 도무지 믿을 수 없는 일입니다. 죽은 자의 부활은 인생이 죽음으로 모든 것을 끝내는 존재가 아니라는 것을 잘 보여 주고 있습니다. 예수 믿고 죽은 자들에게는 육체적인 죽음 후에 다가오는 부활의 감격이 기다리고 있는 것입니다. 그래서 죽음은 슬퍼할 일이 아니라고 하신 것입니다. 그러므로 죽음을 바라보며 잠깐 동안의 이별을 슬퍼하지만 영원한 헤어짐이라고 생각하고 통곡하며 절규하는 불신자들의 모습과는 분명한 차이가 있는 것입니다.

영원한 만남의 감격이 기다리고 있습니다

다시 부활한다는 것은 만남이 기다리고 있다는 것입니다. 사랑하는 사람들과의 이별로 얼마나 많은 사람들이 슬퍼합니까? 그리스도인들에게는 영원한 만남을 위한 짧은 이별이 있을 뿐입니다. 그러므로 예수 믿고 죽은 자들에 대해서는 그렇게 슬퍼할 이유가 없습니다. 곧 다시 만날 것이기 때문입니다. 우리가 사는 이 세상은 너무나 짧은 시간입니다. 먼저 갔다고 해서 언제 만날 것인가를 조급해 할 필요가 없습니다. 잠시 후에 다시 만나게 될 것이기 때문이다.

부활을 믿은 자의 임종어

요한 웨슬리(목사) - 모든 것 중에 가장 좋은 것은 하나님이 우리와 함께 하신다는 것입니다.

무디(부흥사) - 사랑하는 여러분 내일 아침 무디가 죽었다는 소식이 신문에 나거든 죽은 줄로 생각지 마시오. 나는 죽은 것이 아니라 좀 더 높은 곳으로 옮겨 가는 것 뿐입니다.

웹스터(미국 명사록에 워싱톤, 링컨 다음으로 기록된 자로 두 번 국무장관을 지낸 희랍의 데모스데네스 이후 가장 위대한 웅변가) - 내가 세상에 있는 동안 내 소원은 나의 조물주인 하나님의 뜻을 준행하는 것이었습니다. 하나님이 베풀어 주신 자비하심에 감사합니다. 하나님께서 영생의 소망을 주시지 않으셨다면 인생은 얼마나 비참한 존재가 되었을까요? 하나님 감사합니다. 예수 그리스도의 복음은 우리에게 생명과 영생을 가져와서 우리를 구원하여 빛으로 인도하나이다.

톰슨(과학자, 제자들이 그의 임종 때에 "선생님이 발견하신 것 중에 최대의 발견은 무엇입니까?"라고 묻자) - 나의 생애에서 가장 큰 발견은 예수 그리스도를 발견한 것입니다.

불신자의 임종어

홉스 - 나는 지금 무서운 어두움 가운데로 들어가고 있습니다.

볼테르(프랑스의 작가로 평소 "기독교는 안방 부녀자나 양복 수선공이 믿기에 좋은 것이지 지혜로운 자가 믿을 것이 못된다"고 함)

- 나는 지금 하나님과 사람으로부터 버림을 받았습니다. 내게 6개월만 생명을 연장시켜준다면 내가 가진 것 중 절반을 그리스도께 주겠습니다. 그리고 나는 지옥으로 가겠습니다. 당신이 함께 해 주십시오. 오! 그리스도시여 예수 그리스도시여!

인생이 어떤 존재인지 시편 90편에서 잘 표현하고 있습니다.

"주의 목전에는 천 년이 지나간 어제 같으며 밤의 한 순간 같을 뿐임이니이다 주께서 그들을 홍수처럼 쓸어가시나이다 그들은 잠깐 자는 것 같으며 아침에 돋는 풀 같으니이다 풀은 아침에 꽃이 피어 자라다가 저녁에는 시들어 마르나이다"(시 90:4~6)

여기에서는 천년도 하루 같아서 지나가 버린 어제 같고 간 밤의 짧디 짧은 한 순간 같을 뿐 주께서 빼앗아 가시면 인생은 일장춘몽이요 아침에 돋아나는 풀잎 같이 금방 자라다가도 저녁이 되면 금방 시들어 버리는 존재라고 표현하고 있습니다.

부활이 없다면 인생의 끝은 허무와 후회 그리고 절망만이 있을 것입니다. 그러나 부활 때문에 이 세상에서의 아픔도 참을 수가 있는 것입니다.

죽은 자가 살아나는 부활의 가치를 어떻게 말할 수 있습니까? 돈으로 그 가치를 평가 할 수 있습니까? 도무지 가치를 평가할 수 없습니다. 다시 살아남의 감격, 그리고 사랑하는 자와의 만남이 있는 이 감격을 어떻게 세상의 가치로 측정할 수 있겠습니까!

부활은 최고의 감격입니다(17절)

"그 후에 우리 살아 남은 자들도 그들과 함께 구름 속으로 끌어올려 공중에서 주를 영접하게 하시리니 그리하여 우리가 항상 주와 함께 있으리라"(17절)

항상 주와 함께 있는 감격, 그리스도 안에서 다시 만나는 감격입니다. 영원히 함께 사는 감격입니다.

부활은 인생 최고의 위로

"그러므로 이러한 말로 서로 위로하라"(18절)

인생을 살면서 위로가 되는 것이 있다면 바로 이 부활의 소망입니다. 참으로 힘들고 모진 세상입니다. 말도 많고 사건도 많습니다. 높아지기 위해서 헐뜯고 많이 모으기 위해 온갖 죄악을 범하며 삽니다. 그리고 울기도 하고 웃기도 합니다. 그러나 이 복잡하고 험난한 세상에서 부활이 있다는 사실을 아는 순간 삶의 패턴이 달라질 수밖에 없습니다. 가까이 보고 살던 것을 멀리 보고 살게 됩니다.

낙심하거나 좌절하지 않습니다. 하나님이 믿음으로 우리에게 주신 부활은 최고의 능력입니다. 능력 있는 그리스도인은 부활에 대한 감격과 확신을 가지고 삽니다.

부활 속에는 인생의 모든 슬픔과 아픔을 녹여 주는 비밀이 다 들어 있는 것입니다. 이 세상에서의 서러움, 이별의 아픔, 그러나 예수 그리스도를 믿고 부활의 주님을 만나 자신에게도 영생의 선물이 주어졌고 부활이 자신을 기다리고 있다는 사실을 확신하는 순간부터 부활을 위한 삶을 살기 시작하는 것입니다.

부활에 대한 확신을 가지고 살아가시기를 바랍니다. 이 부활의 시간은 인생 최고의 시간입니다. 부활이 있기에 결코 좌절하지 않으며, 부활이 있기에 서로 용서하고 사랑하고 살 수 있습니다.

아직도 부활을 나와 상관없는 성경의 이야기 정도로 생각하는 분은 예수 그리스도를 믿음으로 부활의 감격을 맛보기를 바랍니다.

부활의 실상

요한복음 11:17~27

17 예수께서 와서 보시니 나사로가 무덤에 있은 지 이미 나흘이라
18 베다니는 예루살렘에서 가깝기가 한 오 리쯤 되매
19 많은 유대인이 마르다와 마리아에게 그 오라비의 일로 위문하러 왔더니
20 마르다는 예수께서 오신다는 말을 듣고 곧 나가 맞이하되 마리아는 집에 앉았더라
21 마르다가 예수께 여짜오되 주께서 여기 계셨더라면 내 오라버니가 죽지 아니하였겠나이다
22 그러나 나는 이제라도 주께서 무엇이든지 하나님께 구하시는 것을 하나님이 주실 줄을 아나이다
23 예수께서 이르시되 네 오라비가 다시 살아나리라
24 마르다가 이르되 마지막 날 부활 때에는 다시 살아날 줄을 내가 아나이다
25 예수께서 이르시되 나는 부활이요 생명이니 나를 믿는 자는 죽어도 살겠고
26 무릇 살아서 나를 믿는 자는 영원히 죽지 아니하리니 이것을 네가 믿느냐
27 이르되 주여 그러하외다 주는 그리스도시요 세상에 오시는 하나님의 아들이신 줄 내가 믿나이다

부활의 실상

나사로의 죽음

"예수께서 와서 보시니 나사로가 무덤에 있은 지 이미 나흘이라 베다니는 예루살렘에서 가깝기가 한 오 리쯤 되매"(17~18절)

이미 끝이 났습니다.

유대인들의 위로

"많은 유대인이 마르다와 마리아에게 그 오라비의 일로 위문하러 왔더니 마르다는 예수께서 오신다는 말을 듣고 곧 나가 맞이하되 마리아는 집에 앉았더라"(19~20절)

많은 사람의 위로가 무슨 소용이 있겠습니까?

마르다의 하소연

"마르다가 예수께 여짜오되 주께서 여기 계셨더라면 내 오라버니가 죽지 아니하였겠나이다 그러나 나는 이제라도 주께서 무엇이든지 하나님께 구하시는 것을 하나님이 주실 줄을 아나이다 예수께서 이르시되 네 오라비가 다시 살아나리라 마르다가 이르되 마지막 날 부활 때에는 다시 살아날 줄을 내가 아나이다"(19~24절)

예수님께서 빨리 오시지 않음에 대한 원망조의 하소연입니다.

예수님의 선포

"예수께서 이르시되 나는 부활이요 생명이니 나를 믿는 자는 죽어도 살겠고 무릇 살아서 나를 믿는 자는 영원히 죽지 아니하리니 이것을 네가 믿느냐 이르되 주여 그러하외다 주는 그리스도시요 세상에 오시는 하나님의 아들이신 줄 내가 믿나이다"(25~27절)

예수님만이 하실 수 있는 선포, 충격적인 선포입니다. 하나님만이 하실 수 있는 말씀을 하고 계십니다. 인간에게 가장 중요한 말씀입니다.

예수님은 부활이십니다

죽음만을 향해 달려가는 것이 인생이 아닙니다. 죽음 이후에는 부활이 있습니다. 부활은 인간의 머리로 해결할 수 없는 불가사의한 일입니다. 그런데 예수님은 자신이 부활이시라고 분명하게 말씀하고 계십니다.

부활은 최고의 감격입니다

죽은 자가 살아나는 감격이 얼마나 대단하겠는가를 생각해 봅시다. 아마 이것은 이 세상에서 최고의 감격일 것입니다. 죽은 자가 다시 산다는 말씀은 인생을 만드신 하나님만이 하실 수 있습니다. 이는 부활의 감격을 사람들이 맛볼 수 있다는 것입니다.

죽음의 권세가 최고의 권세가 아닙니다

죽음은 모든 사람들이 두려워 합니다. 그러나 모든 사람이 두려워 하는 죽음의 권세를 이길 수 있는 권세가 부활의 권세입니다. 죽음도 다시 살아나는 권세 앞에서는 아무런 힘을 쓸 수 없습니다. 죽음보다 더한 권세를 예수 그리스도께서 가지고 계십니다. 그리고 주님을 믿는 자 역시 이 권세를 얻을 수 있습니다. 부활의 권세는 모든 믿는 자들의 특권인 것입니다. 이 특권은 이 세상의 왕이라고 해도 가질 수 없습니다. 오직 예수 믿는 자만이 가지는 특권입니다. 부활의 권세는 믿는 자들의 권세입니다.

예수님은 생명이십니다

생명보다 귀한 것이 어디 있습니까? 그런데 예수님께서 생명이시라고 말씀하십니다. 이는 바로 예수님이 생명을 가지고 계신 분인 것을 알 수 있습니다. 다시 말하면 예수님께서 인생에게 어떤 존재인가를 말씀해주는 내용입니다. 생명을 창조하신 분으로 생명을 가지신 분이십니다. 예수님께서 죽은 나사로를 살리셨습니다. 사람들은 죽음만을 보고 슬퍼합니다. 절망이라고 탄식하며 절규합니다. 나사로의 죽음을 보며 울고 있는 유대인들을 보시며 예수님께서도 함께 우셨습니다(33절). 이는 나사로의 죽음에 대한 슬픔이 아닙니다. 죽음밖에 바라볼 수 없는 인간의 나약함을 보시며 안타까워하신 것입니다. 주님은 믿음 없는 사람들을 보시면서 목자없는 양을 보시듯이 민망해 하셨습니다.

"무리를 보시고 불쌍히 여기시니 이는 그들이 목자 없는 양과 같이 고생하며 기진함이라"(마 9:36)

"예수께서 그가 우는 것과 또 함께 온 유대인들이 우는 것을 보시고 심령에 비통히 여기시고 불쌍히 여기사"(요 11:33)

민망히 여기셨다는 것은 '사람의 내부 깊숙한 곳, 몸속의 창자에서부터 동정심이 우러나와 마음이 움직이다'로서 이 말은 격한 동정심에 대한 강조적 표현입니다.

사망의 세력은 누구도 이길 수 없습니다. 그러나 예수 그리스도는 이 사망의 세력을 능히 이기실 수 있습니다. 생명이 누구 손에 있습니까? 많은 사람들은 생명에 대해 무감각합니다. 매일 아무 일 없이 사니까 생명이 그렇게 귀하다고 생각지 않습니다. 그러다가 생명에 지장을 주는 중세가 나타나면 그때부터 난리를 피웁니다.

인간은 그렇게 귀한 생명 하나 마음대로 할 수 없습니다. 그러므로 인간이 예수 그리스도를 만나는 것이야말로 생애 최고의 행복이며 감격인 것입니다.

믿음은 능력입니다

믿음이 얼마나 대단한 결과를 보여 주는가를 알아야 합니다. 믿음은 하나님께서 인간에게 주신 최고의 선물입니다. 인생의 결국은 믿음을 가지느냐 아니면 믿음을 거부하느냐에 따라 하나님이 주시는 최고의 선물인 영생을 소유하느냐 하지 못하느냐가 결정이 납니다.

"예수께서 이르시되 나는 부활이요 생명이니 나를 믿는 자는 죽어도 살겠고 무릇 살아서 나를 믿는 자는 영원히 죽지 아니하리니 이것을 네가 믿느냐"((25~26절)

믿는 자는 영원히 삽니다

사람들은 영원히 살고 싶어 합니다. 많은 사람들이 이 세상에서 영원히 살고 싶어 합니다. 그런데 알아야 합니다. 이 세상에서는 영원히 살 수가 없습니다. 어떤 방법도 불가능합니다. 그런데 유일한 방법이 있습니다. 바로 믿음을 통해 영원히 살게 되는 것입니다. 우리는 이 말씀을 통해 인생이 영원한 존재임을 알 수가 있습니다. 우리는 이 말씀을 보며 곰곰이 생각해 봅시다. 하나님을 어떤 분이라고 생각하십니까? 하나님은 영원하신 분이십니다. 그런데 영원하신 하나님께서 만든 인간에게 영원히 살 수 있는 길을 주시는 것은 어떻게 보면 너무나 당연합니다. 문제는 많은 사람들이 그 길을 모른다는 것입니다. 그 길은 예수님을 믿어야만 알 수 있습니다. 하나님의 존재를 부인할 때 인생은 어디를 가야하는지 도무지 알 수가 없습니다. 이것은 필연적인 결과입니다. 창조주이신 하나님을 믿어야 합니다. 그리고 예수 그리스도를 믿고 그 분이 제시하신 구원의 길을 믿어야 합니다. 그러면 영원히 살게 될 것입니다.

예수 그리스도의 부활은 바로 우리의 부활을 가져온 것입니다. 결국 그리스도의 부활을 통해 우리는 너무나 오묘하고 새로운 존재임을 발견하게 됩니다. 인생은 영원한 존재입니다. 예수님의 부활은 우리에게 최대의 빅뉴스입니다. 그리고 가장 감격적인 사건입니다. 부활이 있었기에 영생이 있고 감격이 있습니다. 부활이 없다면 우리는 참으로 불쌍한 존재로 전락할 수밖에 없을 것입니다. 부활이 없으면 모든 것이 헛것입니다. 성경은 이 사실을 분명하게 말씀하고 있습니다.

"그리스도께서 다시 살아나신 일이 없으면 너희의 믿음도 헛되고 너희가 여전히 죄 가운데 있을 것이요 또한 그리스도 안에서 잠자는 자도 망하였으리니 만일 그리스도 안에서 우리가 바라는 것이 다만 이 세상의 삶뿐이면 모든 사람 가운데 우리가 더욱 불쌍한 자이리라 그러나 이제 그리스도께서 죽은 자 가운데서 다시 살아나사 잠자는 자들의 첫 열매가 되셨도다"(고전 15:17~20)

부활이 있기에 우리가 구원받을 수 있었고 영원히 살 수 있는 것입니다. 부활이 주는 축복 때문에 감격하며 살기를 바랍니다.

일곱 남편을 가진 아내의 죽음 이후

누가복음 20:27~40

27 부활이 없다고 주장하는 사두개인 중 어떤 이들이 와서
28 물어 이르되 선생님이여 모세가 우리에게 써 주기를 만일 어떤 사람의 형이 아내를 두고 자식이 없이 죽으면 그 동생이 그 아내를 취하여 형을 위하여 상속자를 세울지니라 하였나이다
29 그런데 칠 형제가 있었는데 맏이가 아내를 취하였다가 자식이 없이 죽고
30 그 둘째와 셋째가 그를 취하고
31 일곱이 다 그와 같이 자식이 없이 죽고
32 그 후에 여자도 죽었나이다
33 일곱이 다 그를 아내로 취하였으니 부활 때에 그 중에 누구의 아내가 되리이까
34 예수께서 이르시되 이 세상의 자녀들은 장가도 가고 시집도 가되
35 저 세상과 및 죽은 자 가운데서 부활함을 얻기에 합당히 여김을 받은 자들은 장가 가고 시집 가는 일이 없으며
36 그들은 다시 죽을 수도 없나니 이는 천사와 동등이요 부활의 자녀로서 하나님의 자녀임이라
37 죽은 자가 살아난다는 것은 모세도 가시나무 떨기에 관한 글에서 주를 아브라함의 하나님이요 이삭의 하나님이요 야곱의 하나님이시라 칭하였나니
38 하나님은 죽은 자의 하나님이 아니요 살아 있는 자의 하나님이시라 하나님에게는 모든 사람이 살았느니라 하시니
39 서기관 중 어떤 이들이 말하되 선생님 잘 말씀하셨나이다 하니
40 그들은 아무 것도 감히 더 물을 수 없음이더라

일곱 남편을 가진 아내의 죽음 이후

예수님의 부활은 인류 역사상 최대의 사건입니다. 지금까지 그 누구도 죽음의 권세를 이긴 사람이 없기 때문입니다. 그러나 예수 그리스도께서 이 세상에 오셔서 부활하시므로 인간에게도 부활이 있다는 사실을 알려 주셨습니다.

사두개인

"부활이 없다고 주장하는 사두개인 중 어떤 이들이 와서"(27절)

사두개파 사람들이 예수님께 찾아와 질문하는 내용으로 본문은 시작됩니다. 그런데 사두개인들이 예수님께 대해 공격적 의도로 질문을 하고 있습니다. 사두개파는 다윗과 솔로몬 시대의 제사장 사독에게서부터 기원된(삼하 8:17) 집단으로서 기원전 166년~163년에 구체적으로 두각을 나타내었습니다.

이들은 특히 모세 오경만을 정경으로 인정하면서 다른 전승 문서들은 그 권위를 인정하지 않았습니다. 당시 유대 사회내의 소수 집단이었지만 부유한 지배 계층으로서 영향력을 행사하는 정치적 세력을 갖고 있었습니다. 특히 현실주의자라는 별명과 함께 로마의 통치에 협력하여 자신들의 이권을 유지했던 무리들이었습니다. 예루살렘이 함락되자(A.D. 70) 이들도 함께 몰락했습니다. 이들은 부활과 영(spirit)을 믿지 않았습니다.

율법을 이용한 질문

"물어 이르되 선생님이여 모세가 우리에게 써 주기를 만일 어떤 사람의 형이 아내를 두고 자식이 없이 죽으면 그 동생이 그 아내를 취하여 형을 위하여 상속자를 세울지니라 하였나이다 그런데 칠 형제가 있었는데 맏이가 아내를 취하였다가 자식이 없이 죽고 그 둘째와 셋째가 그를 취하고 일곱이 다 그와 같이 자식이 없이 죽고 그 후에 여자도 죽었나이다 일곱이 다 그를 아내로 취하였으니 부활 때에 그 중에 누구의 아내가 되리이까"(눅 20:28~33)

아주 대답하기 어려운 질문입니다. 인간이 해결할 수 없는 질문입니다. 이 질문은 하나님만이 하실 수 있는 질문입니다. 특히 그들이 율법의 내용을 인용하여 질문하고 있습니다. 그들이 질문하고 있는 요지는 형이 자녀가 없이 죽으면 동생이 형수와 결혼해서 후사를 봐야 한다는 신명기의 내용을 들고 나오고 있습니다.(신 25:5~10) '형사취수혼'이라고 합니다. 이는 대를 잇기 위한 방법이었습니다. 그런데 죽음 이후에는 누구의 아내가 되느냐고 질문을 하고 있습니다.

아프리카에는 일부다처제인 곳이 많은데 그곳에 선교사들이 복음을 전하다 보면 그곳 추장들이 가장 관심을 가지는 부분이 솔로몬의 1천 명의 아내가 있었다는 부분이라고 합니다. 추장들은 이 부분을 보며 대단히 기뻐하며 기도할 때 나도 솔로몬처럼 일천 명의 아내를 달라고 기도한다는 것입니다.

그런데 선교사는 단 한 명의 아내만 있는 것을 보며 도대체 1명의 아내밖에 축복 받지 못한 사람이 어떻게 자기처럼 많은 아내를 거느린 복을 받은 자에게 하나님의 은혜를 전할 수 있느냐고 말한다고 합니다. 또한 아프리카에는 형수를 어머니 모시듯 하는 부족이 있는데 형님이 죽자 형수를 아내로 맞이하는 것을 보고는 질겁하며 하나님을 못 믿겠다고 난리를 피우기도 한다는 것입니다.

하나님께서 왜 이런 이해 못할 풍속을 허락하셨을까를 생각해 봐야 합니다. 그 당시 여자들은 경제 행위를 할 수 없었기 때문에 결혼을 하지 못하는 여성은 살아갈 수 없었습니다. 더욱이 남편이 죽은 후에 자식이 없다면 여자는 도무지 살아갈 수 없었다고 합니다. 결국 이런 여자들이 선택할 수 있는 길은 매춘밖에 없었다고 합니다. 성경에 보면 며느리 다말이 시아버지 유다를 통해 아들을 얻는 내용이 있습니다. 이 내용은 다말의 남편이 죽은 후 시아버지 유다가 자기 아들이 다말의 아내가 되는 것을 허락하지 않자, 다말이 창녀 행세를 해서 시아버지의 아들을 낳게 됩니다. 이런 일이 있은 후에 시아버지 유다가 이런 고백을 하고 있습니다. "그는 나보다 옳도다 내가 그를 내 아들 셀라에게 주지 아니하였음이로다"라고 말하고 있습니다. 여자가 살아가기 어려운 시대에 '형사취수혼'은 여자들을 위한 풍속이었다고 합니다. 그리고 매춘을 하며 살아서는 안 되는 것을 누구보다 잘 아는 하나님께서 이런 법을 제정하신 것으로 볼 수 있습니다. 여하튼 이 세상에서의 결혼은 참으로 복잡하고 많은 문제를 가지고 있는 것은 사실입니다.

저 세상의 결혼관

"예수께서 이르시되 이 세상의 자녀들은 장가도 가고 시집도 가되 저 세상과 및 죽은 자 가운데서 부활함을 얻기에 합당히 여김을 받은 자들은 장가 가고 시집 가는 일이 없으며"(34~35절)

예수님은 부활하여 새롭게 사는 세계를 저 세상으로 표현하셨습니다. 즉 이 세상과 저 세상을 명확히 구분함으로써 사두개인이 질문한 내용이 잘못되었음을 말씀하셨습니다. 부활한 후의 새로운 세계는 이 세상과는 전혀 다른 새로운 세계입니다. 여기서 "부활함을 얻기에 합당히 여김을 입은 자들"이란 부활 후에 천국에 간 사람들을 말씀하고 있습니다. 다시 말하면 예수 믿는 자들이 가는 천국을 말씀하고 있습니다. 그리스도의 보혈의 공로를 힘입어 하나님으로부터 의로 옷 입게 된 자들이 가는 곳에 대해 말씀하고 있습니다. 이 세상에서의 삶 가운데 가장 중요한 것이 결혼입니다. 결혼에 대한 기대는 참으로 대단합니다. 좋은 배우자를 만나서 함께 살기를 원합니다. 그런데 죽음 이후에는 장가가고 시집가는 일이 없다고 말씀하고 있습니다.

부활 후의 세상은 결혼하지 않고도 기쁨으로 살 수 있는 것입니다. 어쩌면 이 세상은 잘못된 결혼으로 마음 아파하며 사는 자가 얼마나 많습니까? 그러나 저 세상은 완벽한 신랑인 예수 그리스도와 함께 영원히 사는 곳입니다. 결혼과 비교되지 않는 기쁨을 누리며 사는 곳이 천국에서의 삶인 것입니다. 천국은 고통이 없고 아픔의 눈물이 없는 곳입니다.

"이는 보좌 가운데에 계신 어린 양이 그들의 목자가 되사 생명수 샘으로 인도하시고 하나님께서 그들의 눈에서 모든 눈물을 씻어 주실 것임이라"(계 7:17)

"모든 눈물을 그 눈에서 닦아 주시니 다시는 사망이 없고 애통하는 것이나 곡하는 것이나 아픈 것이 다시 있지 아니하리니 처음 것들이 다 지나갔음이러라"(계 21:4)

가족 관계 때문에 당하는 고통이 없는 곳입니다. 인간 관계 문제로 고통 당하지 않는 곳이 천국입니다.

삼각관계가 없는 곳이 천국입니다. 그러므로 질투나 미움도 당연히 없을 것이며 사랑으로 인해 실연을 당하는 일도 없을 것입니다.

죽음이 없는 곳

"그들은 다시 죽을 수도 없나니 이는 천사와 동등이요 부활의 자녀로서 하나님의 자녀임이라"(36절)

사람들이 가장 두려워하는 것이 죽음입니다. 죽음보다 더 두려운 것은 없습니다. 그런데 죽음이 없는 곳이 저 세상입니다. 그러니 육체적인 죽음 이후의 부활의 삶이 얼마나 즐거운 삶이 될 것인가를 생각해 볼 수 있습니다. 죽음이 절대로 없는 곳입니다. 사람들은 이 세상에서 오래 살고 싶어합니다. 사는 동안 자신은 영원히 죽지 않을 것이라는 착각 속에서 살다가 마침내 죽음이라는 거인 앞에서 아무런 항거도 할 수 없습니다. 그런데 죽음이 없다면 영원히 사는 곳이라는 말입니다. 사람들이 이 세상에서 얼마나 오래 살려고 노력합니까? 새벽에 산에 가보면 등산하는 사람들이 얼마나 많습니까? 그리고 운동을 하며 건강을 지키기 위해 안간힘을 쓰는 사람은 얼마나 많습니까?

독일의 의사이며 작가인 레안더라는 분이 쓴 "젊어지는 맷돌"이란 이야기의 내용입니다. 튀링겐의 아폴다라는 곳에 젊어지는 맷돌이 있었습니다. 어느날 오래 살고 싶은 한 할머니가 이 맷돌을 찾아왔습니다. 맷돌질을 하고 있는 인부에게 자기의 심정을 말하자 인부는 할머니의 일생이 기록된 종이를 보여주며 "할머니가 다시 젊어지시면 여기 기록된 사건들을 예전처럼 다시 반복하셔야 합니다. 그 약속을 지키시겠다고 서명을 하십시오. 그래야만 젊어질 수 있습니다." 할머니는 기록된 내용의 얼마를 삭제해 달라고 간청했습니다. 그러나 아무런 소용이 없었습니다. 그러자 할머니는 혼자서 중얼거렸습니다. "조금 더 살면 뭐하겠다고 또 다시 지긋지긋한 옛날 일을 다시 반복해! 지겨워, 지겨워." 그리고는 다시 자기 집으로 돌아가고 말았습니다.

죽음 이후에는 부활이 있고 부활 후에는 영생이 있습니다. 영원히 죽지 않고 주님과 영원히 사는 곳이 바로 저 세상인 것입니다. 죽음 후에 기다리고 있는 천국은 영원한 삶이 기다리고 있는 소망의 장소요 기쁨의 장소인 것입니다. 그러므로 죽음은 결코 인간에게 절망이 아닙니다. 새로운 처소인 것입니다.

또한 천국에서는 더 이상 결혼이나 출산이 필요 없습니다. 여자들은 출산의 고통이 없다는 말은 참으로 반가운 소식이 아닙니까? 그렇게 보면 예수 믿고 천국에 들어가는 여자들은 남자보다 갑절로 기뻐해야 될 것 같습니다.

부활 후의 신분

"그들은 다시 죽을 수도 없나니 이는 천사와 동등이요 부활의 자녀로서 하나님의 자녀임이라"(36절)

영원히 살 수 있는 보장과 함께 그곳에서의 신분이 어떤 신분인가 하는 것은 참으로 중요한 것입니다. 부활한 성도의 삶의 모습은 현세의 그것과는 차원이 다를 것임을 지적하고 있습니다. 천사에게는 죽음이 없듯이 부활 후의 성도에게 죽음은 없습니다. 그리고 부활 후에도 하나님의 자녀의 신분은 계속 유지되는 것입니다. 하나님의 자녀의 신분은 예수 믿고 난 이후부터 영원히 계속되는 신분인 것입니다. 하나님의 자녀란 천국의 주인이며 상속자라는 말입니다. 그리스도인들은 부활 후에 천국에서 하나님의 종으로 사는 것이 아니라 하나님의 자녀로서 당당하게 사는 것입니다. 영원한 자녀로서의 특권을 누리며 살게 되는 것입니다. 참으로 대단한 신분입니다. 왕에게 있어서 가장 귀한 자는 뛰어난 신하가 아닙니다. 자녀입니다. 자녀보다 귀한 자는 없습니다. 예수 믿고 천국간 그리스도인은 하나님의 가장 귀한 자로 영원히 살게 되는 것입니다.

구약에 기록된 부활

"죽은 자가 살아난다는 것은 모세도 가시나무 떨기에 관한 글에서 주를 아브라함의 하나님이요 이삭의 하나님이요 야곱의 하나님

이시라 칭하였나니"(37절)

사두개인들이 모세 율법을 근거로 해서 예수님을 시험하였습니다. 예수님께서도 이에 대해 구약 성경의 내용을 통해 부활에 대해 변호하셨습니다. 즉 본문의 내용은 출애굽기 3장 6절로서 모세가 하나님으로부터 들었던 음성입니다. 하나님께서 자신을 가리켜 아브라함의 하나님이요 이삭의 하나님이며 야곱의 하나님이라고 현재형으로 말씀하셨습니다. 이는 아브라함, 이삭, 야곱 등과 같은 신앙의 선조들이 몸은 비록 죽었으나 하나님의 능력으로 말미암아 부활의 새 생명에 참예하게 될 것임을 뜻하는 것입니다. 유한한 인생의 눈으로 보면 육신의 죽음이 곧 존재의 끝으로 보이지만 믿음의 눈으로 보면 그것은 새로운 시작입니다. 예수님은 모세오경을 보면서 부활이 없다고 주장하는 자들에게 부활이 있음을 가르치고 계시는 것입니다.

산 자의 하나님

"하나님은 죽은 자의 하나님이 아니요 살아 있는 자의 하나님이시라 하나님에게는 모든 사람이 살았느니라 하시니"(38절)

하나님은 산 자의 하나님이십니다. 이미 죽은 자들에게 부활이 없다면 하나님은 죽은 자의 하나님일 것입니다. 우리가 기억해야 하는 것은 죽음으로 끝나는 것이 인생이라면 죽음 이후에 하나님은 아무런 의미가 없는 것입니다. 그러나 비록 육체적인 죽음이 있을지라도 다시 부활이 있고 천국에서의 삶이 있기에 하나님은 산 자의 하나님이신 것입니다. "죽은 자의 하나님이 아니요 살아 있는 자의 하나님이시라"는 말씀은 인간과 하나님과의 관계가 살아 있는 관계임을 역설합니다. 즉 하나님은 살아있는 사람에게만 하나님이 된다는 말입니다.

살아있어야 하나님과 교제를 나눌 수 있습니다. 육체적인 죽음을 맞이한다 해도 예수님을 믿어 하나님의 자녀가 되면(36절) 하나님과 살아있는 관계를 영원히 맺게 되는 것입니다. 하나님 안에 있으면 모든 사람이 죽어도 삽니다. 예수 믿은 자들은 영생을 소유한 존재이기에 하나님과의 관계는 계속됩니다. 그런 점에서 영원히 사는 자의 하나님은 산 자의 하나님이신 것입니다. 만일 모든 인생이 죽음으로 끝난다면 하나님 혼자만 계셔야 하실 것입니다. 하나님은 무덤만 바라보고 계시는 분이 아니라, 산 자의 하나님으로 우리를 영원한 자녀로 삼으시는 분이신 것입니다. 예수 그리스도를 믿으므로 부활의 감격을 맛보고 하나님의 자녀로서의 영원한 특권을 누리며 살기를 바랍니다.

부활 신앙

누가복음 24:1~12

1 안식 후 첫날 새벽에 이 여자들이 그 준비한 향품을 가지고 무덤에 가서
2 돌이 무덤에서 굴려 옮겨진 것을 보고
3 들어가니 주 예수의 시체가 보이지 아니하더라
4 이로 인하여 근심할 때에 문득 찬란한 옷을 입은 두 사람이 곁에 섰는지라
5 여자들이 두려워 얼굴을 땅에 대니 두 사람이 이르되 어찌하여 살아 있는 자를 죽은 자 가운데서 찾느냐
6 여기 계시지 않고 살아나셨느니라 갈릴리에 계실 때에 너희에게 어떻게 말씀하셨는지를 기억하라
7 이르시기를 인자가 죄인의 손에 넘겨져 십자가에 못 박히고 제삼일에 다시 살아나야 하리라 하셨느니라 한대
8 그들이 예수의 말씀을 기억하고
9 무덤에서 돌아가 이 모든 것을 열한 사도와 다른 모든 이에게 알리니
10 이 여자들은 막달라 마리아와 요안나와 야고보의 모친 마리아라 또 그들과 함께 한 다른 여자들도 이것을 사도들에게 알리니라
11 사도들은 그들의 말이 허탄한 듯이 들려 믿지 아니하나
12 베드로는 일어나 무덤에 달려가서 구부려 들여다 보니 세마포만 보이는지라 그 된 일을 놀랍게 여기며 집으로 돌아가니라

부활 신앙

예수님께서 십자가에 죽으신 후에 여자들이 향품을 가지고 예수님의 무덤을 찾았습니다. 그들에게는 어떤 기대도 없었습니다. 예수님의 돌아가심으로 모든 것이 끝났다는 좌절감으로 시간을 보내고 예수님께서 십자가에 못박히신 사흘 후에 단지 예수님에 대한 그리움과 지난 시간들에 대한 생각으로 예수님의 무덤을 찾았습니다. 이미 세상을 떠나신 예수님의 시신에 향품을 바르며 눈물이나 실컷 흘리고 싶었는지도 모릅니다.

사람들은 과거에 대한 추억을 가지고 삽니다. 지금 여자들은 과거에 자기들을 사랑해 주신 예수님을 찾고 있는 것입니다.

마가복음 16장 1절에 보면 새벽에 예수님을 찾은 여인들의 이름이 기록되어 있습니다. 막달라 마리아와 야고보의 어머니 마리아와 살로메라고 말씀하고 있습니다. 이들은 예수님께서 십자가에서 처형당한 것을 목격한 여인들이었습니다. 이 중에서 두 여인은 예수님의 매장을 목격한 증인들이었습니다. 이 여인들은 예수님을 대단히 사랑했습니다. 그래서 향품을 준비하고 예수님의 무덤을 찾은 것입니다. 조금이라도 예수님의 시신이 빨리 썩는 것을 막고자 하는 것이 그들의 마음이었을 것입니다.

그 당시 시신에 손을 대는 것은 부정한 일로 모든 사람들이 꺼리는 일이었습니다. 그러나 그들이 향품을 가지고 예수님의 무덤을 찾은 것을 통해 헌신적인 사랑을 발견할 수 있습니다. 이제는 사람들의 기억 속으로 사라진 예수님의 시신을 찾고 있는 것입니다.

사라진 시체

여인들이 무덤 앞에 도착했을 때, 전혀 생각하지 않은 일이 발생했습니다. 무덤 입구에 있던 돌이 없어진 것입니다. 무덤의 입구는 큰 돌로 막혀 있어야 했습니다. 그런데 입구가 그대로 열려 있었고 시체가 있어야 할 자리에는 아무 것도 없었습니다. 얼마나 놀랐겠습니까? 예수님의 시체를 만나러 간 그들에게 예수님의 시체가 보이지 않았으니 얼마나 놀랐겠습니까? 그들은 시체를 보기 위해 갔습니다. 그래서 시체에 바를 향품도 준비한 것입니다. 그런데 시체가 없어진 것입니다.

그들은 근심에 잠겼습니다. '어떻게 해야 하나 예수님의 시체를 누가 훔쳐갔을까? 빌라도가 가져갔나? 아니면 대제사장들이 시체까지 없애버린 것인가?

　오늘날에도 교회에 나오는 많은 사람들 가운데 2천 년 전에 세상을 떠나신 예수님을 만나러 나오는 사람들이 있습니다. 예수님의 흔적만을 찾기 위해 나오는 사람들이 있습니다. 오늘 성경에 나오는 여인들처럼 예수님의 흔적을 찾지 못했을 때 실망하고 돌아가서 예수님도 별 볼일 없는 것처럼 생각하는 사람들이 많다는 사실입니다.

왜 근심합니까?

향품을 준비했기 때문입니다

　왜 그들이 근심했습니까? 예수님은 이미 살아나셨습니다. 그런데 그들은 돌아가신 예수님을 만나기 위해 찾아왔기 때문입니다. 누가복음 24장 4~5절에서 말씀하고 계십니다.

　"이로 인하여 근심할 때에 문득 찬란한 옷을 입은 두 사람이 곁에 섰는지라 여자들이 두려워 얼굴을 땅에 대니 두 사람이 이르되 어찌하여 살아 있는 자를 죽은 자 가운데서 찾느냐"(눅 24:4~5)

　천사가 여인들을 책망하고 있습니다. 왜 산 자를 죽은 자 가운데서 찾고 있는가 말입니다. 오늘날 왜 많은 사람들이 교회에 나와서도 근심합니까? 그것은 바로 살아계신 주님을 만나지 못했기 때문입니다. 살아계신 주님을 만나지 못한 사람은 근심할 수밖에 없습니다.

여인들이 근심한 것은 향품을 가져왔기 때문입니다. 향품을 주님의 시신에 발라드려야 하는데 예수님의 시신이 없어진 것입니다. 그러나 그 향품은 아무런 쓸모가 없었습니다. 향품은 시체에 바를 것이지 살아계신 주님께는 아무런 소용이 없는 것입니다. 우리도 신앙생활을 할 때 예수님이 이미 돌아가신 분으로 착각하며 신앙생활하는 때가 많습니다. 살아계신 주님께 향품을 가지고 가서는 안 됩니다. 왜 살아계신 분께 시체에 바를 것을 가지고 갑니까?

여러분은 봉사할 때도 살아계신 주님이 아니라, 이미 돌아가신 주님의 교훈을 따르는 것처럼 봉사하지는 않습니까? 그래서 선심 쓰듯이 하지는 않습니까? 여러분은 정말 봉사할 때 살아계신 주님을 향해 하십니까? 그렇다면 기쁨과 감사로 최선을 다할 것입니다.

우리는 살아계신 주님 앞에 나가야 합니다. 돌아가신 예수님 앞에 나가는 것이 아닙니다. 그러므로 우리는 향품이 아니라, 살아계신 주님께서 바르실 향유를 준비해야 합니다. 사랑하는 여러분! 살아계신 주님께 나아가기를 바랍니다.

말씀을 믿지 않았기 때문입니다

여인들이 왜 근심하고 있습니까? 그것은 그들이 예수님께서 살아나셨을 것이라고는 전혀 기대하지 않았기 때문입니다. 그런데 예수님의 시체가 없으니 근심할 수밖에 없었던 것입니다. 그것은 그들이 예수님의 말씀을 귀담아 듣지 않았기 때문입니다. 말씀을 귀담아 듣지 않는 사람은 근심할 수밖에 없습니다. 예수님께서 그렇게 자신의 부활에 대해 말씀하셨으나 귀담아 듣지 않았습니다. 여인들은 천사로부터 다시 가르침을 받고 있습니다.

"여기 계시지 않고 살아나셨느니라 갈릴리에 계실 때에 너희에게 어떻게 말씀하셨는지를 기억하라"(눅 24:6)

그들은 예수님의 말씀을 까맣게 잊고 있었습니다. 예수님의 말씀을 들을 때에 심각하게 받아들이지 못했습니다. 건성으로 받아들였습니다.

"이르시되 인자가 많은 고난을 받고 장로들과 대제사장들과 서기관들에게 버린 바 되어 죽임을 당하고 제삼일에 살아나야 하리라 하시고"(눅 9:22)

예수님은 거듭 자신이 십자가에 못박혀 돌아가실 것과 부활하실 것을 말씀하셨습니다. 그러나 그들은 심각하게 받아들이지 않았습니다. 안타까운 것은 많은 경우 하나님의 말씀을 믿지 않거나 한 귀로 흘려듣는다는 것입니다. 여러분은 어떻습니까? 사건이 터진 후에 깨닫습니까? 미리 주시는 말씀을 믿고 확신하고 순종합니까?

하나님의 말씀을 심각하게 받아들이시기를 바랍니다.

여인들의 허구적인 신앙

새벽에 예수님을 찾아온 여인들의 열심은 대단했습니다. 예수님의 십자가 고난의 현장까지도 따라갔습니다. 이 여인들은 예수님의 장례의 증인이었습니다. 그러나 가장 중요한 것을 몰랐습니다. 예수님께서 부활하신다는 사실을 몰랐던 것입니다. 그래서 이 여인들은 예수님이 고난당하신 이후 눈물과 고통의 시간을 보냈습니다.

부활 신앙이 없는 자는 어둡습니다. 삶이 어둡고 섬기는 모양이 부정적입니다. 그러나 부활에 대한 확신을 가졌다면 이 여인들의 모습은 전혀 달라졌을 것입니다. 열심은 있으나 알맹이가 없는 신앙이 바로 부활에 대한 확신이 없는 신앙입니다. 봉사는 하지만 열매가 없는 것은 바로 부활에 대한 확신이 없기 때문입니다. 가장 중요한 사실을 잊어버리고 예수님께 나아온 이 여인들을 보면, 얼마나 가련하게 보입니까? 알맹이 없는 껍데기 신앙인 것입니다.

부활의 주님을 만나야 합니다

여러분에게는 부활의 신앙이 있습니까? 교회에 나올 때 부활하신 주님을 만날 것을 확신하고 나오십니까? 그렇다면 준비도 죽은 시체에 바를 향품을 준비할 것이 아니라 살아계신 주님께 드릴 예물을 준비해야 하지 않겠습니까? 왜 예배드릴 때도 살아계신 주님을 만나지 못합니까? 단지 돌아가신 주님 앞에서 행하듯이 단지 예식에 참여하듯이 교회에 나오십니까? 살아계신 주님을 만나야 합니다. 이제부터는 살아계신 주님의 말씀을 들어야 합니다. 예수 믿는다는 것은 살아계신 주님을 만나는 것이고 살아계신 주님께서 나와 함께 하심을 믿는 것입니다.

역사 속에 계신 예수님 정도를 만나기 위해 교회 나오는 것이 아닙니다. 이런 신앙이 오늘 바로 이 여인들의 상태였습니다. 이 여인들에게 천사는 이렇게 말하고 있습니다.

"이르시기를 인자가 죄인의 손에 넘겨져 십자가에 못 박히고 제삼일에 다시 살아나야 하리라 하셨느니라 한 대"(눅 24:7)

그때 비로소 그들은 주님께서 하신 말씀을 기억하고 이 사실을 믿었습니다. 우리는 살아계신 주님을 믿는 것입니다. 예수님의 과거를 추모하기 위해 이 자리에 나오는 것이 아닙니다. 살아계신 주님을 만나야 합니다. 살아계신 예수님은 여러분을 위해서 놀라운 일을 하신 분이시고 앞으로도 하실 것입니다.

부활신앙의 특징

여인들은 예수님의 부활하심을 알게 되었습니다. 너무나 놀라운 일이었습니다. 이미 죽음으로 모든 것이 끝난 것으로 알았는데 예수님이 부활하셨다니 이 얼마나 기쁜 일입니까? 죽은 사람이 살아왔을 때의 감격은 말로 다 할 수 없을 것입니다. 이 여인들이 무덤에서 돌아가서 한 일은 바로 부활하신 주님을 전하기 시작한 것입니다. 그것이 특징입니다 십자가에서 돌아가신 분이 다시 살아나신 것을 알고도 전하지 않는다면 어떻게 정상적인 사람이라고 할 수 있습니까? 그러므로 부활 신앙을 가지면 전하지 않고는 견딜 수가 없는 것입니다.

"예수님께서 다시 살아 나셨대!" 여인들은 돌아가자마자 전하기 시작했습니다.

"무덤에서 돌아가 이 모든 것을 열한 사도와 다른 모든 이에게 알리니 이 여자들은 막달라 마리아와 요안나와 야고보의 모친 마리아라 또 그들과 함께 한 다른 여자들도 이것을 사도들에게 알리니라 사도들은 그들의 말이 허탄한 듯이 들려 믿지 아니하나 베드로는 일어나 무덤에 달려가서 구부려 들여다 보니 세마포만 보이는지라 그 된 일을 놀랍게 여기며 집으로 돌아가니라"(눅 24:9~12)

이 놀라운 소식을 전해들은 제자들이 처음에는 믿지 않지만 결국은 믿게 되었습니다. 부활 신앙을 가지면 반드시 예수님을 전해야 합니다. 주님은 부활 신앙을 가진 자들에게 말씀하셨습니다.

"너는 말씀을 전파하라 때를 얻든지 못 얻든지 항상 힘쓰라 범사에 오래 참음과 가르침으로 경책하며 경계하며 권하라"(딤후 4:2)

부활하신 주님을 만난 제자들에게 주님께서 하신 마지막 유언은 한결같이 복음 전파였습니다. 살아계신 주님은 지금도 우리를 위해 기도하고 계십니다. 살아계신 주님은 믿는 자들의 처소를 준비하고 계십니다.

여인들을 보면 열심은 있고, 헌신은 있지만 그들에게 빠진 것이 부활 신앙이었습니다. 살아계신 주님과 매일 동행하는 삶이 얼마나 대단한 삶입니까? 오늘 이 시간 이후로 부활 신앙으로 살아가시기 바랍니다. 부활하신 주님 때문에 우리도 부활할 것입니다. 부활 신앙이 없는 열심은 기쁨도 없고 열매도 없습니다. 그리고 그런 신앙은 알맹이 없는 껍질에 불과한 것입니다. 오늘도 부활하신 주님께서 여러분을 초청하고 계십니다. 그리고 모든 사람이 마음을 열고 부활하신 주님을 모셔 들이기를 원하고 계십니다.

"볼지어다 내가 문 밖에 서서 두드리노니 누구든지 내 음성을 듣고 문을 열면 내가 그에게로 들어가 그와 더불어 먹고 그는 나와 더불어 먹으리라"(계 3:20)

예수님이 다시 살아나셨습니다. 부활 신앙으로 살아계신 주님을 통한 감격과 기쁨을 누리며 부활하신 예수님을 자랑하고 전하는 전도자가 되시기를 바랍니다.

부활의 감격

요한복음 11:17~44

17 예수께서 와서 보시니 나사로가 무덤에 있은 지 이미 나흘이라
18 베다니는 예루살렘에서 가깝기가 한 오 리쯤 되매
19 많은 유대인이 마르다와 마리아에게 그 오라비의 일로 위문하러 왔더니
20 마르다는 예수께서 오신다는 말을 듣고 곧 나가 맞이하되 마리아는 집에 앉았더라
21 마르다가 예수께 여짜오되 주께서 여기 계셨더라면 내 오라버니가 죽지 아니하였겠나이다
22 그러나 나는 이제라도 주께서 무엇이든지 하나님께 구하시는 것을 하나님이 주실 줄을 아나이다
23 예수께서 이르시되 네 오라비가 다시 살아나리라
24 마르다가 이르되 마지막 날 부활 때에는 다시 살아날 줄을 내가 아나이다
25 예수께서 이르시되 나는 부활이요 생명이니 나를 믿는 자는 죽어도 살겠고
26 무릇 살아서 나를 믿는 자는 영원히 죽지 아니하리니 이것을 네가 믿느냐
27 이르되 주여 그러하외다 주는 그리스도시요 세상에 오시는 하나님의 아들이신 줄 내가 믿나이다
28 이 말을 하고 돌아가서 가만히 그 자매 마리아를 불러 말하되 선생님이 오셔서 너를 부르신다 하니
29 마리아가 이 말을 듣고 급히 일어나 예수께 나아가매
30 예수는 아직 마을로 들어오지 아니하시고 마르다가 맞이했던 곳에 그대로 계시더라

31 마리아와 함께 집에 있어 위로하던 유대인들은 그가 급히 일어나 나가는 것을 보고 곡하러 무덤에 가는 줄로 생각하고 따라가더니
32 마리아가 예수 계신 곳에 가서 뵈옵고 그 발 앞에 엎드리어 이르되 주께서 여기 계셨더라면 내 오라버니가 죽지 아니하였겠나이다 하더라
33 예수께서 그가 우는 것과 또 함께 온 유대인들이 우는 것을 보시고 심령에 비통히 여기시고 불쌍히 여기사
34 이르시되 그를 어디 두었느냐 이르되 주여 와서 보옵소서 하니
35 예수께서 눈물을 흘리시더라
36 이에 유대인들이 말하되 보라 그를 얼마나 사랑하셨는가 하며
37 그 중 어떤 이는 말하되 맹인의 눈을 뜨게 한 이 사람이 그 사람은 죽지 않게 할 수 없었더냐 하더라
38 이에 예수께서 다시 속으로 비통히 여기시며 무덤에 가시니 무덤이 굴이라 돌로 막았거늘
39 예수께서 이르시되 돌을 옮겨 놓으라 하시니 그 죽은 자의 누이 마르다가 이르되 주여 죽은 지가 나흘이 되었으매 벌써 냄새가 나나이다
40 예수께서 이르시되 내 말이 네가 믿으면 하나님의 영광을 보리라 하지 아니하였느냐 하시니
41 돌을 옮겨 놓으니 예수께서 눈을 들어 우러러 보시고 이르시되 아버지여 내 말을 들으신 것을 감사하나이다
42 항상 내 말을 들으시는 줄 내가 알았나이다 그러나 이 말씀 하옵는 것은 둘러선 무리를 위함이니 곧 아버지께서 나를 보내신 것을 그들로 믿게 하려 함이니이다
43 이 말씀을 하시고 큰 소리로 나사로야 나오라 부르시니
44 죽은 자가 수족을 베로 동인 채로 나오는데 그 얼굴은 수건에 싸였더라 예수께서 이르시되 풀어 놓아 다니게 하라 하시니라

부활의 감격

일본의 내촌감삼이라는 유명한 신학자가 이런 말을 했습니다.

"삶은 아름답지만 죽음은 삶보다 더 아름답다. 삶은 죽음을 위한 것이다. 아름답게 죽는 자가 삶을 온전히 산 자이다. 생애의 승패도 최후의 순간에 결정된다."

생애의 결승점은 새로운 시작이기 때문입니다.

죽은 나사로

"예수께서 와서 보시니 나사로가 무덤에 있은 지 이미 나흘이라 베다니는 예루살렘에서 가깝기가 한 오 리쯤 되매"(17~18절)

사람들은 죽지 않기 위해 참으로 많은 애를 씁니다. 그러나 죽음은 필연적으로 다가오는 사건입니다 누구도 피할 수 없는 것입니다. 몇 년을 더 살겠다고 수천만원, 수억원을 투자하기도 합니다. 그러나 죽음 앞에서는 누구나 굴복할 수밖에 없는 것입니다. 베다니에 사는 나사로가 병이 들어 죽게 되었습니다. 나사로가 병들자 누이들이 나사로를 살리기 위해 무던히 애를 썼습니다.(요 11:1~3) 그래서 누이인 마리아와 마르다가 사람을 보내 예수님을 빨리 오시도록 요청한 것입니다.

"많은 유대인이 마르다와 마리아에게 그 오라비의 일로 위문하러 왔더니 마르다는 예수께서 오신다는 말을 듣고 곧 나가 맞이하되 마리아는 집에 앉았더라"(19~20절)

그런데 예수님께서는 어쩐일이신지 생명이 위급하다는 말씀을 듣고도 이틀이나 더 계시다가 베다니로 향하셨습니다. 그동안 나사로는 죽었고 많은 유대인이 나사로의 죽음을 알고 조문하러 온 것입니다. 아무리 많은 사람들이 조문을 가도 진정한 위로가 될 수는 없습니다. 그때 예수님께서 찾아가신 것입니다.

마르다의 신앙

"마르다가 예수께 여짜오되 주께서 여기 계셨더라면 내 오라버니가 죽지 아니하였겠나이다"(21절)

마리아와 마르다는 예수님이 오시길 눈이 빠지도록 기다렸습니다. 그러나 예수님은 나사로가 죽은지 나흘이 지나서 오신 것입니다. 예수님이 늦게 오심을 보고 원망조로 마르다가 말하고 있습니다. "주께서 여기 계셨다면 내 오라비가 죽지 아니했을 것입니다."

그리고는 계속해서 말하고 있습니다.

"그러나 나는 이제라도 주께서 무엇이든지 하나님께 구하시는 것을 하나님이 주실 줄을 아나이다 예수께서 이르시되 네 오라비가 다시 살아나리라"(22~23절)

우리는 이 말씀을 통해 마르다가 어떤 신앙을 가지고 있는가를 알 수가 있습니다. 먼저 마르다는 예수님이 죽음의 권세를 다스리실 수 있음을 믿었습니다. 죽음이 하나님의 손에 있음을 믿고 있는 것입니다.

"이제는 나 곧 내가 그인 줄 알라 나 외에는 신이 없도다 나는 죽이기도 하며 살리기도 하며 상하게도 하며 낫게도 하나니 내 손에서 능히 빼앗을 자가 없도다"(신 32:39)

죽은 자를 살리실 수 있음을 믿었습니다. 또한 마지막 날의 부활을 믿었습니다. 그런데 더욱 놀라운 것은 예수님은 이 사실을 실제로 보여 주시므로 자신이 누구신지를 분명하게 드러내신 것입니다.

예수 그리스도는 누구십니까?

"예수께서 이르시되 나는 부활이요 생명이니 나를 믿는 자는 죽어도 살겠고 무릇 살아서 나를 믿는 자는 영원히 죽지 아니하리니 이것을 네가 믿느냐"(25~26절)

부활이십니다

  예수님은 죽음에서 다시 살아 부활하셨습니다. 십자가에 죽으시고 삼일 만에 다시 부활하시므로 예수님 자신이 부활이심을 증명해 보이셨습니다. 이 세상을 통치하고 호령하던 군주도, 이 세상에서 종교를 만들고 나름대로 길을 말한다고 하는 자들도 죽음 앞에서는 무기력했습니다. 죽음 이후에 대해서는 아무도 말하지 못했습니다. 그러나 예수님는 죽음을 이기신 것입니다. 삼일만에 부활하신 것입니다.

  그리고 인간에게 부활이라는 상상할 수 없는 선물을 주셨다는 사실입니다. 부활이 있음을 알리시기 위해 주님은 성경 여러 곳에서 죽은 자를 살리셨습니다.

  사람들은 이 사실이 너무나 기막힌 일이라 믿지 못하는 사람들이 많습니다. 예수님은 하나님이십니다. 그러므로 이런 일을 하실 수 있는 것입니다. 만약 이런 일을 하지 못하시는 분 같으면 우리의 믿음의 대상이 될 수 없습니다. 이 세상 사람들이 믿는 신은 인간의 상식선 안에서 행동하는 신입니다. 그러나 예수님은 상식선 밖에서 일하십니다. 다시 말하면 하나님으로서 일하시는 것입니다. 어떻게 부활을 말할 수 있겠습니까? 인간의 생각으로는 불가능합니다. 그러나 예수님은 부활을 말씀하셨습니다.

  부활의 진리 속에는 인생이 다시 사는 존재라는 것을 가르치는 것입니다. 부활이 있기에 육체적인 죽음을 두려워하지 않는 것입니다. 성경에는 여러군데에서 부활에 대해 말씀하고 있습니다. 죽은 자가 다시 살아날 수 있다면 그보다 더 큰 기쁨은 없을 것입니다. 그것은 감격이요 축복인 것입니다.

생명이십니다

하나님은 생명을 창조하셨습니다. 아담과 하와를 만드신 것입니다. 그 생명을 만드신 분이 생명이라고 말씀하시는 것은 너무나 당연한 것입니다. 하나님의 아들이신 예수님은 죽음을 끝으로 보신 것이 아닙니다. 죽은 자를 살리실 수 있기 때문에 그렇게 말씀하신 것입니다.

나사로의 누이들이 예수님께 나사로의 병이 깊음을 알고 초청하였습니다. 그러나 예수님은 빨리 가지 않으셨습니다. 이틀을 더 유하시고 나서 나사로의 죽음을 아셨습니다. 그 때 예수님은 이렇게 말씀하셨습니다.

"이 말씀을 하신 후에 또 이르시되 우리 친구 나사로가 잠들었도다 그러나 내가 깨우러 가노라"(요 11:11)

예수님은 죽음에 대해 잠들었다고 말씀하십니다 .이 말에 대해 제자들은 정말 자고 있는 것으로 생각하고 이렇게 말하고 있습니다.

"제자들이 이르되 주여 잠들었으면 낫겠나이다 하더라"(요 11:12)

예수님은 죽음을 잠든 자라고 말씀하고 있습니다. 그리고 잠든 자는 깨우면 된다고 말씀하고 있습니다. 죽음을 잠들었다고 말씀하시는 주님께서 다시 살리시는 것은 너무나 당연한 것입니다. 예수님은 생명이십니다. 그분을 믿으면 죽어도 삽니다.

죽어도 삽니다

일반적으로 사람들은 죽음이 끝이라고 생각합니다. 그러나 예수님은 죽음이 끝이 아니라고 말씀하셨습니다. 육체적인 죽음 이후에 전개될 상황에 대해서 말씀하십니다. 예수님이 재림하실 때 죽은 자들이 다시 살게 되고 그 이후에 하나님께서 준비하신 영원한 집이 사람들을 기다리고 있다고 하셨습니다. 잠깐 생각해 보면, 이 세상에서 가장 귀한 것은 생명입니다. 이는 사람이 가장 중요한 존재라는 말씀입니다. 그 중요한 존재인 인생이 죽음과 함께 모든 것이 끝나면 되겠습니까? 예수님은 죽음이 끝이 아니라 새로운 시작이라고 말씀하십니다. 하나님이 준비하신 처소가 있다는 것입니다.

"너희는 마음에 근심하지 말라 하나님을 믿으니 또 나를 믿으라 내 아버지 집에 거할 곳이 많도다 그렇지 않으면 너희에게 일렀으리라 내가 너희를 위하여 거처를 예비하러 가노니 가서 너희를 위하여 거처를 예비하면 내가 다시 와서 너희를 내게로 영접하여 나 있는 곳에 너희도 있게 하리라" (요 14:1~3)

죽음 이후에 대한 처소를 말씀하고 있습니다. 하나님이 준비하신 죽음 이후의 영원한 처소가 있습니다. 모든 인생은 이 사실을 알아야 합니다. 바로 이 사실을 알려 주기 위해 예수님은 부활하셨습니다. 그리고 자신의 부활에 앞서 성경에서는 죽은 자를 살리신 내용이 몇 군데 기록되어 있습니다. 특히 죽은 나사로를 살리셨습니다. 죽음 앞에서 애통해 하는 모든 사람에게 이 놀라운 일을 행하신 것입니다.

"이 말씀을 하시고 큰 소리로 나사로야 나오라 부르시니 죽은 자가 수족을 베로 동인 채로 나오는데 그 얼굴은 수건에 싸였더라 예수께서 이르시되 풀어 놓아 다니게 하라 하시니라"(43~44절)

이는 죽은 자에게 부활이 있다는 것을 분명하게 알리신 것입니다. 예수님의 손에 붙잡히기만 한다면 누구나 이런 축복을 소유할 수 있습니다. 부활에 대한 확신을 가진 자는 이 세상에 살지만 육체적인 죽음 이후를 준비하는 삶을 살 수가 있습니다.

미국의 극작가 유진 오닐은 '수평선 너머'라는 소설로 유명합니다. 그는 기독교적인 희곡 '나사로는 웃었다'를 썼는데, 그 내용에는 나사로가 죽은 지 나흘동안 낙원을 경험했다고 나옵니다. 낙원은 예수 믿는 자들이 죽음과 함께 가는 곳입니다. 그는 죽음 이후에 세 가지의 모습이 변했습니다. 첫 번째로 돈에 대한 태도입니다. 그는 세상에 살 때 많은 돈을 가지기를 원했습니다. 그러나 그는 돈에 대해 여유를 가지게 되었고 오히려 치사한 돈에 대해서 경멸하는 여유를 보이며 살 정도가 되었습니다. 두 번째로 세상 권세자들에 대한 태도입니다. 로마 권세를 한 손에 쥔 티베리우스 황제의 장엄한 행차를 보며 미친 듯이 환호하는 군중과 달리 길목에 서서 담담하게 바라보고 있었습니다. 옛날에는 이 세상에 사는 동안 크고 높은 권세를 가지고 싶었으나 이제는 그런 마음이 조금도 없어졌습니다. 세 번째로 죽음에 대한 태도가 달라졌습니다. 나사로는 기독교인이기 때문에 결국 황제 앞에서 죽게 되는데 자신을 죽이겠다는 황제 앞에서도 미소와 여유를 보이며 죽음까지도 웃어넘깁니다. 결국 나사로는 세상 사람들이 그렇게 집착하는 돈과 권력에 대해 여유를 보였고, 죽음의 공포와 불안을 비장한 각오로 이겨보려고 한 것이 아니라 정말 여유있게 죽음을 맞이할 수 있게 되었다는 것입니다.

인생에게 가장 중요한 것은 죽음 이후입니다. 이 세상에서의 삶은 100년 이내이지만 육체적인 죽음 이후의 삶은 영원합니다. 영원한 고통과 영원한 기쁨 두 가지가 있을 뿐입니다. 예수 그리스도를 믿기만 하면 누구나 부활, 생명, 죽어도 사는 특혜를 받게 될 것입니다. 죽은 자가 살아나는 부활의 감격처럼 큰 기쁨이 있겠습니까? 가장 고귀하고 귀한 생명을 주시는 그분을 믿고 신뢰한다면 인생은 달라질 수밖에 없을 것입니다.

천국

　죽어도 살 수 있는 이유는 천국이 있기 때문입니다. 하나님께서 인간을 위해 만들어 주신 최고의 선물이 천국입니다. 이 세상에서 이별은 참으로 가슴이 아픕니다. 그러나 그리스도인들에게는 이별은 새로운 시작인 것입니다.

　한 소녀가 어머니에게 할머니의 죽음을 이렇게 설명했습니다. "엄마, 엄마는 항상 제게 할머니가 하나님과 함께 걸으시면서 말씀하신다고 하셨잖아요? 어느날 하나님과 할머니가 아주 오랜 산책을 나가셨어요. 계속해서 걸으며 이야기를 나누게 되었는데 하나님이 할머니에게 이렇게 말씀하셨어요. '집에서 아주 멀리 떨어진 곳에 왔는데 피곤해 보이는구나, 그냥 나와 함께 내 집으로 가서 거기서 지내렴.' 그래서 할머니가 하나님을 따라 하나님 집으로 가신거예요."

　천국은 하나님 아버지의 집입니다. 우리에게 영원한 안식처입니다. 하나님이 사랑하는 자녀들을 위해 준비하신 최고의 집인 것입니다. 그 집은 너무나 포근하고 아름답습니다. 천국은 영롱한 보석과 맑은 수정으로 빛나는 집입니다.

　하나님의 집은 어떤 재료로 만들어졌을까요? 평당 단가는 얼마나 될까요? 천국은 세상의 것으로 평가할 수 없는 너무나 아름다운 집입니다.

"그 성곽은 벽옥으로 쌓였고 그 성은 정금인데 맑은 유리 같더라 그 성의 성곽의 기초석은 각색 보석으로 꾸몄는데 첫째 기초석은 벽옥이요 둘째는 남보석이요 셋째는 옥수요 넷째는 녹보석이요 다섯째는 홍마노요 여섯째는 홍보석이요 일곱째는 황옥이요 여덟째는 녹옥이요 아홉째는 담황옥이요 열째는 비취옥이요 열한째는 청옥이요 열두째는 자수정이라 그 열두 문은 열두 진주니 각 문마다 한 개의 진주로 되어 있고 성의 길은 맑은 유리 같은 정금이더라" (계 21:18~21)

수많은 보석으로 만들어진 곳이 하나님의 집입니다. 벽옥, 정금, 남보석, 옥수, 녹보석, 홍마노, 홍보석, 황옥, 녹옥, 담황옥, 비취옥, 청옥, 자정, 진주 등으로 참으로 고귀한 보석으로 만들어진 곳입니다. 아마 이 보석들은 세상에서 가장 좋은 보석을 통해 천국의 아름다움을 표현한 것으로 볼 수 있습니다. 예수 믿고 죽음 이후에 주어지는 부활의 기쁨과 영광이 있음을 확신하고 아버지 집에 대해 사모하며 살아가기를 바랍니다.

부활 신앙을 가진 자의 삶

(고린도전서 15:20~34)

20 그러나 이제 그리스도께서 죽은 자 가운데서 다시 살아나사 잠자는 자들의 첫 열매가 되셨도다
21 사망이 한 사람으로 말미암았으니 죽은 자의 부활도 한 사람으로 말미암는도다
22 아담 안에서 모든 사람이 죽은 것 같이 그리스도 안에서 모든 사람이 삶을 얻으리라
23 그러나 각각 자기 차례대로 되리니 먼저는 첫 열매인 그리스도요 다음에는 그가 강림하실 때에 그리스도에게 속한 자요
24 그 후에는 마지막이니 그가 모든 통치와 모든 권세와 능력을 멸하시고 나라를 아버지 하나님께 바칠 때라
25 그가 모든 원수를 그 발 아래에 둘 때까지 반드시 왕 노릇 하시리니
26 맨 나중에 멸망 받을 원수는 사망이니라
27 만물을 그의 발 아래에 두셨다 하셨으니 만물을 아래에 둔다 말씀하실 때에 만물을 그의 아래에 두신 이가 그 중에 들지 아니한 것이 분명하도다
28 만물을 그에게 복종하게 하실 때에는 아들 자신도 그 때에 만물을 자기에게 복종하게 하신 이에게 복종하게 되리니 이는 하나님이 만유의 주로서 만유 안에 계시려 하심이라
29 만일 죽은 자들이 도무지 다시 살아나지 못하면 죽은 자들을 위하여 세례를 받는 자들이 무엇을 하겠느냐 어찌하여 그들을 위하여 세례를 받느냐
30 또 어찌하여 우리가 언제나 위험을 무릅쓰리요
31 형제들아 내가 그리스도 예수 우리 주 안에서 가진 바 너희에 대한 나의 자랑을 두고 단언하노니 나는 날마다 죽노라
32 내가 사람의 방법으로 에베소에서 맹수와 더불어 싸웠다면 내게 무슨 유익이 있으리요 죽은 자가 다시 살아나지 못한다면 내일 죽을 터이니 먹고 마시자 하리라
33 속지 말라 악한 동무들은 선한 행실을 더럽히나니
34 깨어 의를 행하고 죄를 짓지 말라 하나님을 알지 못하는 자가 있기로 내가 너희를 부끄럽게 하기 위하여 말하노라

부활 신앙을 가진 자의 삶

우리는 부활절을 맞이할 때마다 우리의 삶을 점검해 보아야 합니다. 믿지 않는 자와 함께 사는 이 세상에서 부활의 신앙을 가진 자는 분명하게 다른 삶을 살아야 합니다. 죽음으로 모든 것이 끝이라고 생각하며 사는 자들과 부활이 있음을 확신하는 자들의 삶은 달라야 하는 것입니다.

그리스도 안에서 죽은 자

죽음은 인생이 도무지 극복할 수 없는 최고의 두려움입니다. 오래 살기 위해 아무리 노력해도 죽음의 힘 앞에서 모든 사람들이 굴복할 수밖에 없습니다. 그러나 그리스도 안에서 죽은 자들, 다시 말하면 예수 믿고 죽은 자들은 죽음을 두려워 할 필요가 없습니다. 그것은 바로 그리스도인들에게 부활이 있기 때문입니다.

"그러나 이제 그리스도께서 죽은 자 가운데서 다시 살아나사 잠

자는 자들의 첫 열매가 되셨도다"(20절)

　이 말씀은 첫 열매가 열리면 둘째, 셋째, 넷째, 계속해서 열매가 맺히듯이 예수님의 부활로 모든 그리스도인들에게 부활이 있다는 사실을 분명하게 말씀하고 있는 것입니다. 죽음의 절망 앞에서 두려워하고 고통스러워하던 사람에게 부활이 있다는 것은 최고의 감격입니다. 이 부활은 예수 그리스도를 믿음으로 주어지는 최고의 선물입니다. 도무지 값으로 계산할 수 없는 최고의 가치요 감격이요 위로인 것입니다.

　"아담 안에서 모든 사람이 죽은 것 같이 그리스도 안에서 모든 사람이 삶을 얻으리라"(22절)

　아담 때문에 온 사망이 예수님 때문에 부활이라는 놀라운 축복으로 우리에게 다가온 것입니다. 예수 믿으면 누구나 부활이라는 최고의 감격에 동참할 수 있습니다. 그리스도인들에게 육체적인 죽음은 새로운 시작인 것입니다.

　그러므로 이 세상에서 예수 그리스도보다 귀한 분이 있겠습니까? 죽음의 두려움 앞에서 떨고 있는 모든 인생에게 부활을 주셨으니 얼마나 감사한 일입니까! 우리 인생을 사랑하셔서 이 땅에 오셔서 십자가에 죽으시고 부활하신 예수 그리스도는 우리에게 영원한 생명을 주신 분이십니다. 그리고 죄로부터 우리를 구원해 주신 구원자이신 것입니다.

　"예수께서 이르시되 나는 부활이요 생명이니 나를 믿는 자는 죽

어도 살겠고"(요 11:25)

우리는 인생이 도무지 상상할 수 없는 문제를 해결 받았습니다. 예수 그리스도를 믿음으로 죄 문제를 해결 받게 되었으며 심판의 대상에서 사랑의 대상으로 바뀌게 되었으니 얼마나 감사한 일입니까? 그리고 영원한 생명을 얻게 되었으니 이보다 기쁜 일은 없을 것입니다.

부활의 감격을 가지고 살아야 합니다

이제 우리는 죽음을 바라보는 것이 아니라, 부활의 약속을 받은 자들입니다. 최고의 소망을 가지고 사는 자들입니다. 죽음을 향해 달려가는 자와 부활의 약속을 받고 달려가는 자는 삶의 내용과 그 질이 달라야 합니다. 부활의 약속을 가지고 사는 성도들은 자신감이 있어야 합니다. 그리고 절망 앞에서도 부활을 보아야 합니다. 죽음을 보면서도 부활을 볼 수 있어야 합니다. 생명은 귀합니다.

어떤 성도의 형제가 죽게 되었습니다. 그 사람은 불신자이며 많은 재산을 가진 부자였습니다. 그는 죽으면서 이렇게 말했다고 합니다. "나를 살려 주면 내 전 재산의 반을 내놓을테니 제발 날 살려달라." 여러분! 산다는 것이 좋다면 영원히 산다는 것이 얼마나 신나는 일입니까? 모든 삶이 죽음 앞에서 기를 펴지 못하고 두려워하는데 영원히 살 수 있다는 약속을 믿고 산다면 이보다 더 큰 기쁨은 없을 것입니다. 확신에 찬 삶을 살아야 합니다. 예수 믿는 모든 자는 부활합니다.

"아담 안에서 모든 사람이 죽은 것 같이 그리스도 안에서 모든 사람이 삶을 얻으리라"(고전 15:22)

이 사실을 믿고 확신해야 합니다.

"항상 기뻐하라 쉬지 말고 기도하라 범사에 감사하라"(살전 5:16~18)

데살로니가전서 4장에서는 예수님의 재림에 대해 말씀하고 있습니다. 예수님의 재림시에 부활의 약속을 받은 성도들의 삶은 바로 기쁨과 감사여야 하는 것입니다. 부활의 감격이 있는 사람의 두드러진 특징이 바로 항상 기뻐하고 범사에 감사하는 삶입니다. 이 세상의 최고의 축복인 부활을 약속받은 여러분은 언제나 기쁨과 감사의 삶을 살기를 바랍니다.

부활 신앙을 가진 자의 삶

이 세상 사람들은 죽음이 끝이라고 생각하며 삽니다. 그래서 그들은 가진 것으로 진탕 먹고 마시고 유쾌하게 놉니다. 어차피 죽을 목숨이니 이 세상에서 유쾌하게 즐기며 살자는 것입니다. 그러나 부활신앙을 가진 자는 속지 않습니다.

"내가 사람의 방법으로 에베소에서 맹수와 더불어 싸웠다면 내게 무슨 유익이 있으리요 죽은 자가 다시 살아나지 못한다면 내일 죽을 터이니 먹고 마시자 하리라 속지 말라 악한 동무들은 선한 행실을 더럽히나니"(고린도전서 15:32~33)

내세를 믿지 못하고 부활이 있음을 믿지 않는 사람들은 이 세상에서의 생명이 너무나 짧음을 아쉬워하며 악착같이 먹고 마시고 취하고 즐기며 삽니다. 그러나 거기에는 만족함이 없습니다. 그리스도인을 핍박하며 괴롭혔던 바울도 부활의 예수님을 만난 후 먹고 마시는 삶을 살지 않고 부활의 감격을 가지고 부활을 알리기 위해 고난을 선택한 것입니다. 부활 신앙을 가진 자는 살아계신 주님과 함께 사는 자들입니다. 사도 바울은 자기와 함께 하시는 주님에 대해 자주 고백했습니다.

"이를 위하여 나도 내 속에서 능력으로 역사하시는 이의 역사를 따라 힘을 다하여 수고하노라"(골 1:29)

우리가 예수님을 믿는 순간 살아계신 주님께서 우리와 영원히 함께 계십니다.

두 소년이 믿음 좋은 어른에게 왜 예수님이 다시 사셨다고 믿는지 말해 달라고 했습니다. 그때 이렇게 대답했다고 합니다.

"글세, 그 이유는 오늘 아침에도 나는 예수님과 이야기했다는 것이지!"

여러분은 살아계신 주님과 대화하십니까? 주님이 함께 하신다는 사실에 대한 확신을 가질 때 우리는 세상의 유혹에 속지 않습니다.

본문은 우리에게 아주 강력하게 말씀하고 있습니다. "속지 말라" 여러분 제발 속지 말아야 합니다. 부활이 없다고 믿는 불신 사조에 속지 말아야 합니다. 세상 사람들의 유혹에 속지 말아야 합니다. 악한 친구들의 유혹에 넘어가서 선한 행실을 더럽혀서는 안 될 것입니다. 부활의 약속을 받은 자들이 결코 속아서는 안 됩니다. 쾌락은 순간적인 달콤함은 있지만 잠깐 뿐입니다. 그러나 부활은 영원한 즐거움과 기쁨을 주는 최고의 축복입니다. 그러므로 잠깐 동안의 즐거움 때문에 부활의 감격을 잃고 세상의 악한 친구들에게 속아서는 안 될 것입니다.

깨어 의를 행하자

부활에 대한 소망을 가진 자들은 깨어 있어야 합니다. 깨어 있다는 것은 헬라어에 보면 술 취한 상태에서부터 깨어 있어야 한다는 의미입니다. 세상적인 쾌락이라는 술에서 깨어나라는 말씀입니다. 부활의 약속을 가지고 소망을 가진 자들은 죄를 짓지 말라고 성경은 말씀합니다. 그리고 의를 행하라고 말씀합니다. 부활의 약속을 받은 자들은 이 세상에 하나님의 뜻이 이루어지기를 원해야 합니다. 깨어 의를 행하는 것은 바로 이 세상을 복음화하는 것입니다.

부활의 소망을 가진 한 사람은 엄청난 영향력을 끼치게 됩니다. 한 사람이 부활의 소망을 가지고 살며 의를 행할 때, 공동체가 변하게 됩니다.

우리는 부활을 약속 받은 하나님의 자녀들입니다. 하나님의 자녀들은 하나님의 자녀로서의 선한 자부심을 가지고 살아야 합니다. 삶이 달라야 합니다. 옛날 양반들과 상놈들은 삶이 달랐습니다. 말하는 것이나 행동이 달랐습니다. 그렇다면 부활에 대한 소망을 가진 하나님의 자녀들의 삶은 분명하게 달라야 합니다. 인격의 열매가 나타나야 합니다. 삶을 통해 그리스도의 향기를 발하므로 부활하신 주님을 자랑해야 합니다. 그리고 열심히 복음을 전해야 합니다.

왜 예수님께서 십자가의 고난과 수치를 당하셨습니까? 그리고 부활하셔서 감격과 소망을 주셨습니까? 그것은 영혼을 구원하시기 위함입니다. 부활신앙을 가진 자는 복음을 전하는 자입니다. 세계적인 전도자 빌리그래함 목사님이 여행을 하는데 한 사람이 물었습니다. "당신은 정말로 예수님의 부활을 믿습니까?" 그러자 이렇게 대답했습니다. "만일 예수님이 부활하지 않으셨으면 나는 벌써 전도를 그만 두었을 것입니다."

복음을 전하는 일에 최선을 다해야 합니다. 복음을 전하지 않는 성도는 성도로서 가장 중요한 사명을 망각하고 있는 자입니다. 주님을 전합시다. 전도는 주님의 소원입니다. 주님께서 하늘로 가시기 전 이 땅에서 마지막으로 하신 유언입니다. 그리스도인은 삶과

입술로 복음을 전해야 합니다. 그리스도의 향기를 발해야 합니다. 하나님을 바로 알고 예수 그리스도를 바로 아는 자는 반드시 부활하여 살아계신 주님을 전해야 하는 것입니다. 이 땅에 복음을 전해야 합니다. 이 땅에 기독교 문화가 뿌리 내리도록 해야 합니다. 일시적인 세상의 유혹에 속지 말고 부활하신 주님의 소원인 복음 전파를 위해 고난 받는 것을 두려워하지 말고 주님을 증거하며 살아가는 여러분이 되시기를 바랍니다.

역사상 최고의 사실

요한복음 11:17~27

17 예수께서 와서 보시니 나사로가 무덤에 있은 지 이미 나흘이라
18 베다니는 예루살렘에서 가깝기가 한 오 리쯤 되매
19 많은 유대인이 마르다와 마리아에게 그 오라비의 일로 위문하러 왔더니
20 마르다는 예수께서 오신다는 말을 듣고 곧 나가 맞이하되 마리아는 집에 앉았더라
21 마르다가 예수께 여짜오되 주께서 여기 계셨더라면 내 오라버니가 죽지 아니하였겠나이다
22 그러나 나는 이제라도 주께서 무엇이든지 하나님께 구하시는 것을 하나님이 주실 줄을 아나이다
23 예수께서 이르시되 네 오라비가 다시 살아나리라
24 마르다가 이르되 마지막 날 부활 때에는 다시 살아날 줄을 내가 아나이다
25 예수께서 이르시되 나는 부활이요 생명이니 나를 믿는 자는 죽어도 살겠고
26 무릇 살아서 나를 믿는 자는 영원히 죽지 아니하리니 이것을 네가 믿느냐
27 이르되 주여 그러하외다 주는 그리스도시요 세상에 오시는 하나님의 아들이신 줄 내가 믿나이다

역사상 최고의 사실

인간에게 가장 놀라운 사실이 있다면 부활일 것입니다. 죽은 자가 부활할 수 있다는 이 놀라운 사실은 기적적인 사건입니다. 너무 놀라운 사건이기에 사람의 머리로는 도무지 이해할 수 없는 사건입니다. 창조주이신 하나님의 존재를 부인하는 사람이나 믿음이 없다면 부활 사건을 허구적인 이야기이거나 어마어마한 거짓말이라고 생각할 수도 있습니다.

그러나 부활이 없다면 우리의 믿음이 헛것이라는 것입니다. 부활이 없으면 우리가 이 자리에 있을 이유가 없습니다.

"만일 죽은 자의 부활이 없으면 그리스도도 다시 살아나지 못하셨으리라"(고전 15:13)

사람에게 생명처럼 귀한 것은 없습니다. 한 번 죽은 생명에 대해서는 누구도 되돌릴 수 없습니다. 그러므로 부활이라는 것은 도무지 믿을 수 없고 이해할 수 없다라고 말하는 것은 어떻게 보면 지극히 정상이라고 할 수 있습니다. 이것이 인간의 한계이기 때문입니다.

성경에 나오는 수많은 기적을 보며 불신자들이나 교회 다니는 사람들 가운데에도 자신이 지혜롭다고 생각하는 사람은 믿지 않는 자들도 있습니다. 스스로 자신을 지혜롭다고 생각하는 자들의 생각이 헛되다는 사실을 주님은 성경을 통해 우리에게 말씀하고 있습니다.

"또 주께서 지혜 있는 자들의 생각을 헛것으로 아신다 하셨느니라"(고전 3:20)

성경에는 죽은 자가 살아난 내용들이 나옵니다. 구약시대에도 나오고 특히 예수님께서 세상에서 사역하시면서 죽은 자를 살리신 내용이 몇 번 나옵니다. 나인성 과부의 아들을 살리셨고 그리고 본문에 나오는 나사로를 살리셨습니다. 예수님 자신도 십자가에서 죽으신 후 삼일만에 부활하셨습니다. 오늘 본문은 나사로의 죽음 앞에서 슬퍼하는 나사로의 가족들과 예수님의 제자들 앞에서 놀라운 일을 행하고 계신 것입니다.

나흘된 시체

"예수께서 와서 보시니 나사로가 무덤에 있은 지 이미 나흘이라"(17절)

베다니에 사는 나사로가 죽었습니다. 나사로가 죽은지 이미 나흘이 지났습니다. 사람이 죽은지 나흘이면 이미 살이 썩어서 냄새가 날 수 밖에 없는 것입니다.

생명은 참으로 중요합니다. 생명이 끝나면 모든 조직은 활동을 멈추고 썩기 시작합니다. 세상을 호령하던 왕들도 세상의 석학이라고 자랑하던 사람들도 죽음 앞에서는 침묵할 수밖에 없습니다. 이제는 모든 것이 끝났습니다. 나사로를 그렇게 사랑하던 누이 마리아와 마르다도 아무 일도 할 수 없습니다. 생명이 끊어지면 무능한 사람으로 바뀌고 맙니다. 죽은 자도 무능하고, 산 자도 무능합니다. 이것이 사람입니다.

조문

"많은 유대인이 마르다와 마리아에게 그 오라비의 일로 위문하러 왔더니"(19절)

죽음 이후에 할 수 있는 일은 조문밖에는 없습니다. 인생의 위로가 무슨 유익이 있겠습니까? 그래도 찾아가서 위로하는 조문 정도는 할 수 있습니다. 죽은 자와 유가족에게 할 수 있는 유일한 일은 조문입니다. 나사로가 죽었다는 소식을 들은 많은 사람들이 마리아와 마르다를 위로하기 위해 찾아온 것입니다. 그러나 많은 사람들이 무슨 말로 위로하고 아무리 많은 조의금을 내 놓아도 죽은 자에게는 아무런 도움이 되지 못하는 것입니다.

마르다가 기다리는 예수

"마르다는 예수께서 오신다는 말을 듣고 곧 나가 맞이하되 마리아는 집에 앉았더라 마르다가 예수께 여짜오되 주께서 여기 계셨더라면 내 오라버니가 죽지 아니하였겠나이다"(20~21절)

마르다가 그 많은 사람들 가운데 유독 예수님을 기다리고 있었습니다. 예수님을 맞이하기 위해 나가서 기다리고 있었던 것입니다. 예수님을 만나자마자 마르다가 대뜸 원망조로 말하기 시작합니다.

"예수님만 여기 계셨다면 죽지 아니하였을 것인데 왜 이제 오십니까?"

그리고는 "지금이라도 예수님께서 구하시는 것을 하나님께서는 들어주실 것을 믿습니다."라고 말하고 있습니다.

마르다의 믿음

"그러나 나는 이제라도 주께서 무엇이든지 하나님께 구하시는 것을 하나님이 주실 줄을 아나이다"(22절)

마르다는 예수님께서 메시야이심을 믿고 있습니다. 그리고 지금까지 행하신 수많은 기적을 보며 예수님의 권능을 믿고 있습니다. 그러나 현재에 대한 기적에 대해서는 확신이 없었습니다.

"예수께서 이르시되 네 오라비가 다시 살아나리라 마르다가 이르되 마지막 날 부활 때에는 다시 살아날 줄을 내가 아나이다"

(23~24절)

예수님께서 네 오라비는 다시 살 것이라고 말씀을 하셨고 마르다는 "마지막 날에는 살 것을 믿습니다"라고 말하고 있습니다. 마지막 날의 부활은 믿지만 지금 현재 예수님께서 죽은 자를 어떻게 하실 수는 없을 것이라고 고백하고 있는 것입니다. 마르다는 예수님께서 네 오라비가 다시 살 것이라고 하신 말씀에 대해 의례적으로 하시는 말씀 정도로 생각한 것입니다.

여러분도 '예수를 믿습니다. 부활도 일어나겠지요. 그러나 지금은 무슨 일이 일어나겠습니까?' 이런 신앙은 아닙니까?, 믿음 좋은 사람들에게는 무슨 일이 일어날 수도 있다는 식의 신앙생활을 해서는 안 됩니다.

내일의 믿음

부활도 있습니다. 그러나 그것은 미래의 문제라고 생각하지 말라는 것입니다. 만약 우리의 믿음이 내일의 믿음이라면 이것은 큰 문제인 것입니다. 중요한 것은 지금 예수님께서 바로 마르다 앞에 서 계시다는 사실입니다. 좋은 믿음이란 살아계신 주님이 함께 하시는 것입니다. 성경공부도 하고 신앙경력도 있고 직분자이기도 하지만 절망적인 상황 앞에서는 전혀 믿음이 없는 사람들을 많이 보게 됩니다.

"믿음 있지요. 그러나 주님은 지금 이 상황에서는 아무 일도 못하십니다."라는 식으로 신앙생활하지 말라는 것입니다.

안 되는 일을 되게 하시는 분이 하나님이십니다. 예수 믿는 것은 믿음을 가졌다는 말입니다. 내가 무엇을 하겠다는 것이 아니라 주님께서 일하심을 믿고 신뢰하는 것입니다. 예수님은 이런 마르다에게 엄청난 일을 행하셨습니다. 그것은 바로 죽은 지 나흘 되는 나사로를 살려 주신 것입니다.

믿음은 내일의 믿음이 아니라 지금 현재의 믿음이어야 합니다. 지금 주님께서 일하실 수 있다는 믿음을 가져야 합니다.

실전에 강한 믿음

믿음의 사람들 중에도 어떤 사건을 앞에 두고 부정적일 때가 많습니다. 이것은 주님은 능력은 계시지만 이 문제에 대해서는 무능력하시다는 것을 공포하는 것입니다. 예수님은 우리가 실전에 강한 사람이 되기를 원하십니다.

마르다도 예수님을 메시야로 믿고 있었습니다. 마지막 날에 부활이 있다는 사실도 믿고 있었습니다. 그런데 문제는 앞에 계신 예수님께서 지금 나사로를 살리실 것이라는 사실은 믿지 못한 것입니다.

우리는 이론에도 강해야 하지만 실전에는 더 강해야 합니다. 축구 선수가 연습때는 잘하는데 실전만 되면 헛발질을 해서야 되겠습니까? 좋은 선수는 실전에 강한 선수입니다. 주님께서 보실 때는 죽은 자나, 병든 자나 큰 차이가 없으십니다. 우리가 죽을 병에 걸렸거나 감기에 걸렸거나 다 거기서 거기인 것입니다.

TV를 만든 기술자에게는 나사 한 개 빠진 것이나 아주 중요 부품이 망가진 것이나 거기서 거기입니다. 이처럼 우리에게는 불가능이 있지만 주님은 불가능하신 것이 없으신 분입니다.

어떤 일이든 다 하실 수 있습니다. 우리가 믿는 예수님은 능치 못할 일이 없으신 분입니다.

"예수께서 이르시되 할 수 있거든이 무슨 말이냐 믿는 자에게는 능히 하지 못할 일이 없느니라 하시니"(막 9:23)

"대저 하나님의 모든 말씀은 능하지 못하심이 없느니라"(눅 1:37)

믿음의 능력

예수님은 실제로 죽은 지 나흘이나 된 나사로를 살리셨습니다.

"항상 내 말을 들으시는 줄을 내가 알았나이다 그러나 이 말씀 하옵는 것은 둘러선 무리를 위함이니 곧 아버지께서 나를 보내신 것을 그들로 믿게 하려 함이니이다 이 말씀을 하시고 큰 소리로 나사로야 나오라 부르시니 죽은 자가 수족을 베로 동인 채로 나오는데 그 얼굴은 수건에 싸였더라 예수께서 이르시되 풀어 놓아 다니게

하라 하시니라"(요 11:42~44)

죽은 지 나흘이나 되어 썩은 냄새가 나는 시체의 모든 조직이 새롭게 살아난 것입니다. 죽은 자가 살아났습니다. 그런데 예수님은 요한복음 11장 25절에서 이 사실을 미리 말씀하셨습니다. 이 말씀은 예수님을 믿는 것이 얼마나 대단한가를 미리 말씀하고 계신 것입니다.

"예수께서 이르시되 나는 부활이요 생명이니 나를 믿는 자는 죽어도 살겠고"(요 11:25)

예수님은 부활이고 생명

예수님은 인간의 생명을 가지고 계신 분, 생명을 주실 수 있는 분입니다. 인간에게 가장 중요한 생명 정도는 줄 수 있어야 우리가 믿을 수 있는 믿음의 대상이 될 수 있지 않겠습니까?

인간의 힘으로 도무지 할 수 없는 일이 바로 죽음의 문제입니다. 그런데 우리가 예수님을 믿을 때 죽음의 문제를 해결해 주시는 것입니다. 인간에게는 죽음은 끝이지만 예수님을 만나면 끝이 아님을 보여 주신 것입니다. 그러므로 인생은 죽음으로 끝나는 것이 아니라는 것입니다. 죽음 앞에서 절망하고 좌절하고 두려워하는 인간들에게 죽음이 끝이 아님을 분명하게 말씀하고 있는 것입니다.

이 사실 때문에 예수님은 육체적인 죽음 이후에 모든 것이 끝

아니라 영원한 생명이 주어지고 영원한 생명을 얻은 자는 천국이 선물로 주어진다는 사실을 분명하게 말씀하고 계시는 것입니다. 예수님은 부활이요 생명이십니다. 이 분을 믿기만 하면 죽음 이후를 걱정할 필요가 없습니다.

죽음의 문제는 아무도 해결해 줄 수 없습니다. 로또 복권 1등에 당첨되어도 해결할 수 없는 것을 예수님을 믿으면 단번에 해결 받을 수 있는 것입니다.

예수 믿으면 죽은 자가 살아납니다

그리고 주님께서는 영원히 죽지 않는다고 말씀하셨습니다.

"무릇 살아서 나를 믿는 자는 영원히 죽지 아니하리니 이것을 네가 믿느냐"(요 11:26)

이는 예수 믿는 자에게 주시는 영원한 생명을 말씀하신 것입니다.

믿어야 합니다

"이르되 주여 그러하외다 주는 그리스도시요 세상에 오시는 하나님의 아들이신 줄 내가 믿나이다"(요 11:27)

여러분의 신앙을 다시 한번 확인해 봐야 합니다. 부활에 대한 확신이 있습니까? 예수 믿는 것이 영원한 생명을 얻게 되는 엄청난 축복임을 믿으시기 바랍니다. 이런 믿음을 가지기 위해서는 예수님께서 그리스도이심을 믿어야 합니다. 그리고 살아계신 하나님의 아들인 것을 믿어야 합니다.

영생을 얻은 기쁨

예수 믿는다는 것은 인생 최대의 축복입니다. 그리고 영원한 기쁨입니다. 수백 수천억 원으로도 얻을 수 없는 기쁨과 축복인 것입니다. 이 세상 최고의 권력으로도 얻을 수 없는 기쁨을 예수 그리스도를 믿음으로 얻을 수 있는 것입니다.

예수 믿은 자는 다 가진 자

영원한 생명을 가진 자는 모든 것을 다 가진 것입니다. 영원한 미래, 영원한 행복을 가진 것입니다. 부활은 지상최대의 사건이며 실제적인 사실입니다. 예수 그리스도를 인생의 주인으로 모시는 것이야말로 인생 최대의 사건입니다. 최고로 복 있는 자입니다. 죽음의 능력을 이기고 영원히 다시 살게 될 최고의 복된 자들입니다. 그리고 살아계신 주님과 영원히 동행할 것입니다. 예수 그리스도를 통한 부활의 감격을 누리고 감사하며 살아갑시다. 부활의 소망을 확실하게 주신 하나님을 찬양합시다.

구원 받은 강도의 부활 신앙

누가복음 23:39~43

39 달린 행악자 중 하나는 비방하여 이르되 네가 그리스도가 아니냐 너와 우리를 구원하라 하되
40 하나는 그 사람을 꾸짖어 이르되 네가 동일한 정죄를 받고서도 하나님을 두려워하지 아니하느냐
41 우리는 우리가 행한 일에 상당한 보응을 받는 것이니 이에 당연하거니와 이 사람이 행한 것은 옳지 않은 것이 없느니라 하고
42 이르되 예수여 당신의 나라에 임하실 때에 나를 기억하소서 하니
43 예수께서 이르시되 내가 진실로 네게 이르노니 오늘 네가 나와 함께 낙원에 있으리라 하시니라

구원 받은 강도의 부활 신앙

비방하는 행악자

"달린 행악자 중 하나는 비방하여 이르되 네가 그리스도가 아니냐 너와 우리를 구원하라 하되"(39절)

이 세상에서의 삶에 집착하는 모습입니다. 어떻게 해서든 더 살아 보겠다고 악을 쓰고 있는 이 강도는 내세가 없다고 생각하며 오늘을 사는 사람들의 대표적인 모델입니다. 어떻게 해서든 이 세상에서 더 살아야겠다는 생각을 하며 악착같이 살아가고 악을 쓰면서 살아갑니다.

자신의 과거를 전혀 뉘우치지 않는 사람은 희망이 없습니다.

이 사람은 행악자입니다. 자신의 삶과 죄에 대해 도무지 생각하지 않고 있습니다. 하나님에 대한 두려움이 없습니다.

하나님에 대한 두려움이 없다면 이는 참으로 불쌍한 사람으로 그 결국은 영원한 멸망을 당할 수밖에 없습니다.

또한 예수님이 누구신지 모르는 사람입니다. 예수님에 대해 들어 보았으나 어떤 분인지를 모르고 있습니다. 육적으로 예수님을 이해하면 아무런 유익이 없습니다. 구원자가 있으면 무엇하겠습니까? 자신을 구원해 주실 분이라는 사실을 모르니 그 결국이 다른 사람처럼 비참하게 끝나고 만 것입니다.

예수님에 대한 고압적인 자세를 가지고 있습니다. 예수님은 하나님의 아들이시오 구원자이십니다. 그런데 빈정대고 있습니다. 오늘날 많은 사람들이 예수님 앞에서는 고압적인 자세를 가집니다. 교회에 대해서는 거만해집니다. 예수님이 구세주요 살아계신 하나님의 아들임을 모르고 자기 마음대로 예수님을 종 부리듯이 부려서는 안 됩니다.

구원받은 행악자

"하나는 그 사람을 꾸짖어 이르되 네가 동일한 정죄를 받고서도 하나님을 두려워하지 아니하느냐 우리는 우리가 행한 일에 상당한 보응을 받는 것이니 이에 당연하거니와 이 사람이 행한 것은 옳지 않은 것이 없느니라 하고"(40~41절)

죄인임을 인식하고 있습니다. 사람들은 잘못을 범하고도 정죄하면 오히려 더 난리를 칩니다. 교통사고나 어떤 사건을 보면 잘못한 사람이 더 큰 소리를 칩니다. 세상에서는 큰 소리 치고 밀어붙이면 될런지 몰라도 하나님 앞에서는 통하지 않습니다. 잘못했으면 잘못했다고 인정해야 합니다.

　하나님은 잘못에 대한 결과에 대해 관심을 갖기 보다는 잘못에 대해 솔직하게 시인하고 용서를 비는 것에 더 큰 관심을 가지고 계십니다. 자칭 잘난 사람들은 아예 관심을 보이시지 않으십니다. 바리새인, 제사장 얼마나 잘난 사람들입니까? 그러나 예수님은 독사의 자식들이라고 책망을 서슴지 않으셨습니다. 예수님은 비방하는 행악자에게는 침묵하고 계십니다. 그러나 구원받은 행악자에게는 지체하지 않고 말씀하십니다.

　이 사람은 하나님을 두려워하고 있었습니다. 사람을 두려워하면 위장하고 거짓된 생활을 할 수 있습니다. 사람 앞에서만 당당하면 됩니다. 그러나 인생은 하나님 앞에서 완전히 노출된 삶을 살고 있습니다.

　하나님은 보고 계십니다 모든 인생의 전 생애를 낱낱이 바라보고 계십니다. 하나님을 두려워하고 살면 1등 인생이 되지만 하나님을 우습게 여기고 살면 그 인생은 쓰레기처럼 취급받게 됩니다.

　죄에 대한 어떠한 대가(보응)도 인정하고 있었습니다. 비방한 행악자는 자신이 지은 죄가 있어도 이 십자가로부터 탈출하고 싶었으나 구원받은 강도는 이 고통의 십자가를 지는 것이 당연하다고 고백하고 있습니다. 얼마나 아팠겠습니까? 그럼에도 자신의 죄의 대가를 받아들이는 이 강도야말로 예수님의 관심과 사랑의 대상이 되기에 충분한 사람이었습니다.

　사람들은 죄를 짓고도 그 대가를 받지 않으려고 합니다. 그러나 하나님의 원리는 대가를 지불하는 것입니다. 구원받은 강도는 죄에 대한 대가를 인정하고 있습니다. 하나님은 솔직하게 인정하는 것을 원하십니다. 이 사람은 예수님을 죄가 없으신 분으로 믿고 있습니다. 예수님은 무죄하신 분입니다. 죄가 없으신 분으로 우리의 죄 때문에 애매하게 십자가에 돌아가신 분입니다. 죄가 없어야만 구원자가 될 수 있습니다. 이는 그가 예수님을 이스라엘 백성의 구원자인 메시야로 오신 분임을 알고 있었다는 사실입니다.

부활신앙을 가지고 있었습니다

　"이르되 예수여 당신의 나라에 임하실 때에 나를 기억하소서 하니"(42절)

　이제는 죽음으로 인생 모든 것이 끝난다고 생각했다면 그는 모든 것을 포기 했을 것입니다. 그러나 그는 죽음 이후의 육체적인 부활과 함께 주어지는 영원한 천국이 있음을 알고 있었습니다. 바로 부활 신앙이 있었습니다. 부활 신앙을 가졌기에 죽음 앞에서도 결코 포기하지 않았습니다. 끝까지 구원자인 예수님을 부르며 영원한 삶을 소유하기 원하는 이 구원받은 강도의 모습은 우리가 배워야 할 신앙의 자세인 것입니다.

부활 신앙을 가진 자가 가는 낙원에 대하여

"예수께서 이르시되 내가 진실로 네게 이르노니 오늘 네가 나와 함께 낙원에 있으리라 하시니라"(43절)

즉각적으로 반응하십니다. 지체하지 않고 반응하십니다. 비방하던 행악자에게 침묵하시던 것과는 전혀 다른 반응을 보이고 계십니다. 하나님은 부활의 신앙을 가지고 천국에 대한 소망을 가진 자에게는 지체하지 않고 그 사실을 알려 주십니다. 그런데 이 세상의 대다수의 사람이 죽음 이후에 대한 관심보다는 이 세상에서의 관심에만 온 열정을 다 쏟고 있습니다. 결국 이 세상 관심에 쏠려 죽음 이후에 주어지는 영광스러운 천국에 대해 알지도 못하고 죽어가는 사람들이 얼마나 많은지 모릅니다. 주님은 천국을 소유하기를 원하는 사람에게 반드시 알려 주실 뿐 아니라 천국을 소유하도록 해 주시는 분이십니다.

"예수께서 이르시되 내가 진실로 네게 이르노니 오늘 네가 나와 함께 낙원에 있으리라 하시니라"(43절)

예수님은 말할 수 없는 십자가의 고통 가운데서도 진지하게 말씀하고 계십니다. 천국은 하나님께서 준비하신 최고의 선물로 누구에게나 주시기를 원하시기에 천국을 원하고 있는 이 청년에게 진지하게 말씀하고 계시는 것입니다.

"예수께서 이르시되 내가 진실로 네게 이르노니 오늘 네가 나와 함께 낙원에 있으리라 하시니라"(43절)

예수님을 믿고 부활의 신앙을 가진 자는 낙원으로 가서 영원한 기쁨을 누리게 되는 것입니다. 죽음의 고통은 잠시지만 그 후에 주어지는 낙원에서의 기쁨은 영원한 것입니다.

우리를 사랑하셔서 모든 수치와 저주를 한 몸에 받으신 주님이 함께 하시는 곳입니다. 영원한 사랑이 있는 천국에서의 삶을 꿈꾸며 이 세상에서 구별된 삶을 살아가시기를 바랍니다.

두 사람은 모두 같은 행악자였습니다. 어떻게 이 두 사람의 결국이 이렇게 정반대로 달라질 수 있었습니까? 아침까지 같은 밥을 먹고 같은 행동을 하고 살았습니다.

두 사람은 적어도 예수님에 대해 알고 있었고 예수님의 가르침에 대해 알고 있었습니다. 이 두 사람이 예수님이 구세주라는 사실을 알고 있었다는 사실에서 짐작해 볼 수 있습니다. 그러나 한 사람은 예수님의 가르침을 우습게 생각하고 의심했으며 적당하게 시험해 보려고 했습니다. 또 한 사람은 예수님이 가르치신 말씀 그대로 믿었습니다.

인생에는 기회가 있습니다. 예수님을 믿어 천국을 소유하시기를 바랍니다. 하나님은 인생에게 기회를 주십니다. 죽음 앞에 서 있는 절망적인 사람에게까지 구원의 기회를 주시는 하나님이십니다. 우리 모두 부활 신앙으로 복음을 전하며 살아가시기를 바랍니다.

부활의 축복

고린도전서 15:12~20

12 그리스도께서 죽은 자 가운데서 다시 살아나셨다 전파되었거늘 너희 중에서 어떤 사람들은 어찌하여 죽은 자 가운데서 부활이 없다 하느냐
13 만일 죽은 자의 부활이 없으면 그리스도도 다시 살아나지 못하셨으리라
14 그리스도께서 만일 다시 살아나지 못하셨으면 우리가 전파하는 것도 헛것이요 또 너희 믿음도 헛것이며
15 또 우리가 하나님의 거짓 증인으로 발견되리니 우리가 하나님이 그리스도를 다시 살리셨다고 증언하였음이라 만일 죽은 자가 다시 살아나는 일이 없으면 하나님이 그리스도를 다시 살리지 아니하셨으리라
16 만일 죽은 자가 다시 살아나는 일이 없으면 그리스도도 다시 살아나신 일이 없었을 터이요
17 그리스도께서 다시 살아나신 일이 없으면 너희의 믿음도 헛되고 너희가 여전히 죄 가운데 있을 것이요
18 또한 그리스도 안에서 잠자는 자도 망하였으리니
19 만일 그리스도 안에서 우리가 바라는 것이 다만 이 세상의 삶뿐이면 모든 사람 가운데 우리가 더욱 불쌍한 자이리라
20 그러나 이제 그리스도께서 죽은 자 가운데서 다시 살아나사 잠자는 자들의 첫 열매가 되셨도다

부활의 축복

유명한 크리스천 중에 존 워너메이커라는 분이 있습니다. 필라델피아의 유명한 사업가이며 철저한 기독교인이었으며 백화점 왕으로 체신부 장관을 지냈습니다. 어느날 인터뷰를 하면서 이런 이야기를 했습니다. "장관은 부업이고 주일학교 교사가 본업입니다."

워너메이커는 미국 백화점의 창시자이며 전 세계 곳곳에 YMCA 건물을 지었습니다. 어린이들을 사랑하여 어린이들을 섬기고 가르치는 일을 가장 큰 업으로 여겼던 사람이었습니다. 그가 84세였던 1921년, 지금까지 투자한 것 중에 가장 성공적인 투자가 무엇이냐는 기자의 질문에 전혀 머뭇거림이 없이 이렇게 말했습니다. "내가 10살 때 최고의 투자를 했습니다. 나는 2달러 75센트를 주고 예쁜 가죽 성경 한 권을 구입했습니다. 이것이 내 인생에 가장 위대한 투자였습니다. 왜냐하면 그 성경이 오늘의 나를 만들었기 때문입니다." 다시 기자가 물었습니다. "성경만 구입하면 성공할 수 있나요?" "아닙니다. 먼저 하나님을 믿고 하나님 말씀을 실천해야 합니다. 하나님을 신뢰하고 즐겁고 기쁘게 일하다 보면 성공은 어느새 자신 곁에 와 있습니다." 일본의 시부자와 남작이 미국 교육 시찰을 가서 존 워너메이커가 섬기는 주일학교에서 학생들에게 짧게 인사를 했습니다. "나는 예수를 믿는 기독교인이 아니고 공자를 믿는 유교 신자입니다. 내 생각으로는 기독교와 유교는 종교의 이름은 다르지만 근본정신은 같은 것이라고 믿습니다." 답사에 존 워너메이커가 나와서 말했습니다. "나는 공자의 교훈에 경의를 표합니다. 공자는 동양의 대스승입니다. 그러나 기독교와 유교는 완전히 다른 종교입니다. 그것은 공자는 죽어서 중국 산동성의 어느 무덤에 묻혀 있습니다. 우리가 믿는 예수도 죽어 매장되었지만 사흘만에 다시 살아나셨습니다. 지구상 어디에도 그의 무덤은 없습니다. 그는 부활하셔서 하늘과 땅의 주권자로 오늘의 인류 역사를 섭리하십니다." 말을 마친 존 워너메이커의 두 눈에는 감격의 눈물이 흘러내리기 시작했습니다.

시부자와 남작은 귀국 환영 만찬석상에서 미국 방문 중에 가장 큰 충격은 '존 워너메이커의 부활신앙에 대한 뜨거운 눈물의 고백이었다'고 말했습니다. 부활 신앙을 가진 존 워너메이커는 성경 말씀으로 비전을 세웠고 멋있는 평신도 사역자가 되었습니다.

예수님이 나사로를 살리시기 전에 하신 유명한 말씀이 있습니다. "예수께서 이르시되 나는 부활이요 생명이니 나를 믿는 자는 죽

어도 살겠고 무릇 살아서 나를 믿는 자는 영원히 죽지 아니하리니 이것을 네가 믿느냐"(요 11:25~26)

예수님은 세상에 계시면서 죽은 자를 살리셨습니다. 나인성 과부의 아들과 나사로를 살리셨습니다. 예수님 자신도 십자가에 못박혀 돌아가신 후에 사흘 만에 다시 살아나셨습니다.

예수님의 부활 속에는 엄청난 축복이 있습니다

다른 종교를 창시한 모든 자들은 죽음 이후에 부활은 없었습니다. 죽음이란 단어 앞에서는 누구나 숙연해지며 누구도 반항할 수 없습니다. 죽음의 문제는 그 누구도 해결하지 못했습니다. 모하메드는 63세, 공자는 73세, 석가모니는 80세에 죽음을 맞이했습니다. 죽음은 인간의 힘으로는 도무지 극복할 수 없는 불가능한 일입니다.

죽음을 이기고 생명을 주실 수 있는 분은 오직 하나님밖에 없습니다. 인간의 몸으로 오신 예수님은 자신이 생명이심을 분명하게 밝히셨습니다. 그리고 죽은 자도 살리셨습니다. 도무지 인간의 머리로는 이해할 수 없는 일을 행하신 것입니다. 그리고 예수님 자신도 십자가에서 죽으셨다가 3일만에 살아나신 것입니다. 예수님의 부활은 예수님 자신이 하나님의 아들이심을 증명한 사건입니다.

"성결의 영으로는 죽은 자들 가운데서 부활하사 능력으로 하나님의 아들로 선포되셨으니 곧 우리 주 예수 그리스도시니라"(롬 1:4)

예수님은 하나님이시며 하나님의 아들이십니다. 예수님은 부활로 이 사실을 증명하셨습니다.

예수님의 부활은 죽은 자에게 부활이 있음을 증명한 사건입니다

"만일 죽은 자의 부활이 없으면 그리스도도 다시 살아나지 못하셨으리라"(고전 15:13)

죽음으로 모든 것이 끝이라고 생각하는 사람들에게 예수님은 죽음은 새로운 시작임을 알려 주신 것이 바로 부활입니다.

오늘 이 말씀은 고린도 교회 성도들에게 주신 말씀이면서 우리에게 주시는 말씀이기도 합니다. 바울이 이 말씀을 전할 당시 고린도 지역에서는 몸은 죽음을 통해 영원히 사라지고 '영'만이 계속 살아 있다는 이원론 사상이 지배하고 있었습니다. 죽은 자에게 부활이 있습니다. 온전한 부활을 말씀하는 것이지 부분적인 부활이 아닙니다.

간혹 죽어서 화장을 한 분들은 육체가 어떻게 회복될 것인가를 걱정합니다. 그러나 걱정할 필요가 없습니다. 생명을 주신 하나님께서 육체가 어떤 상태로 훼손되어도 부활시키는 분이십니다.

예수님의 부활로 육체적인 죽음이 새로운 시작임을 알려 주신 것입니다. 죽음 이후에 있는 새로운 세계를 모든 사람에게 알린 사건이 바로 부활입니다. 부활은 내세가 있음을 증명하신 사건입니다.

예수님의 부활이 없었으면 예수님을 믿는 것 자체가 아무런 의미가 없다고 말씀하십니다. 이는 예수님의 부활이 빠지면 다 소용없는 헛된 일임을 밝히고 있는 것입니다. 부활이 없으면 구원도 없습니다. 부활이 없으면 죄 씻음도 없습니다. 다시 말해 부활이 없으면 우리가 전하는 복음 자체가 공허한 것이며 소용없는 것이라는 것입니다.

부활이 없으면 여전히 죄 가운데 있을 것입니다

"그리스도께서 다시 살아나신 일이 없으면 너희의 믿음도 헛되고 너희가 여전히 죄 가운데 있을 것이요"(고전 15:17)

예수님께서 십자가의 죽음 이후 부활하셨기에 우리가 죄 문제를 완전하게 해결받을 수 있었던 것입니다. 부활이 있었기에 우리의 죄가 완전하게 해결된 것입니다.

예수님의 부활이 있기에 이생의 아픔을 견딜 수 있습니다

"만일 그리스도 안에서 우리가 바라는 것이 다만 이 세상의 삶뿐이면 모든 사람 가운데 우리가 더욱 불쌍한 자이리라"(고전 15:19)

예수를 믿는 것 때문에 어떤 때에는 절제하고 손해를 봐야 할 것이 많습니다. 자신의 욕심을 버리고 살아야 합니다. 바르게 살기 위해 미움을 받기도 합니다. 이런 모든 것들이 이생 뿐이면 예수 믿는 자처럼 불쌍한 자들도 없을 것입니다. 그러나 부활이 있고 천국이 있기에 그리스도인들은 결코 불쌍한 자가 아닙니다.

"무명한 자 같으나 유명한 자요 죽은 자 같으나 보라 우리가 살아 있고 징계를 받는 자 같으나 죽임을 당하지 아니하고 근심하는 자 같으나 항상 기뻐하고 가난한 자 같으나 많은 사람을 부요하게 하고 아무 것도 없는 자 같으나 모든 것을 가진 자로다"(고후 6:9~10) 부활 때문에 그리스도인들은 모든 것을 가진 행복한 자인 것입니다.

우리도 부활합니다

"그러나 이제 그리스도께서 죽은 자 가운데서 다시 살아나사 잠자는 자들의 첫 열매가 되셨도다"(20절)

인생은 누구나 부활합니다. 악인의 부활이 아니면 의인의 부활이 있을 것입니다. 예수님께서 부활하신 것은 자신의 부활로 다른 사람들에게도 부활이 있을 것을 알려 주신 첫 열매의 역할을 하신 것입니다.

예수님의 부활이 주는 시간적인 축복

예수님의 부활은 우리의 모든 시간을 축복의 삶으로 바꾸어 주셨습니다. 과거, 현재, 미래가 예수님의 부활로 바뀐 것입니다.

과거

예수님의 부활로 우리의 과거가 어떠하든지 관계없이 죄 용서를 받을 수 있는 길이 열린 것입니다. 지금까지 어떤 죄를 지었을지라도 아무리 악한 죄를 지었어도 용서해 주실 것을 믿기를 바랍니다. 바로 부활 때문에 우리가 누릴 수 있는 축복인 것입니다. 비록 세상에서 용서받지 못했을지라도 하나님은 용서해 주십니다. 하나님은 결코 과거를 묻지 않으십니다. 예수님께서 부활하신 것은 바로 우리를 의롭다 하시기 위함입니다.

"예수는 우리가 범죄한 것 때문에 내줌이 되고 또한 우리를 의롭다 하시기 위하여 살아나셨느니라"(롬 4:25)

우리의 죄 값을 짊어지시고 죽으신 예수님은 다시 살아나심으로 우리가 의롭게 된 것입니다.

부활의 신앙을 가진 자는 가장 멋있고 값진 삶을 삽니다

부활 신앙을 가진 자는 이 세상만 사는 자가 아니기에 최선을 다해 삶을 삽니다. 부활을 주시는 하나님을 생각하며 삽니다. 자신을 창조하시고 죽음 이후에 부활을 주시는 하나님 앞에서 산다면 가장 멋있게 살 수 있을 것입니다.

사람답게 살지 못하는 자를 향해 짐승처럼 산다고 말합니다. 부활이 있음을 확신하고 살 때 하나님께서 원하시는 삶을 살게 됩니다. 다시 말해 사람답게 삽니다.

　짐승은 영혼이 없습니다. 짐승은 하나님을 찾지도 않습니다. 죽음 이후를 준비하지도 않습니다. 단지 현재의 만족만을 추구할 뿐입니다. 만약 인간이 부활을 주시는 하나님을 믿지 않으면 이 세상에서의 만족만을 추구하다가 죽음을 맞이할 것입니다.

　죽음은 끝이 아닙니다. 죽음 이후에 칭찬과 상급이 기다리고 있습니다. 그러므로 부활 신앙을 가진 자는 이 세상에서 최선을 다하며 살아갑니다. 부활 신앙은 바로 하나님 앞에서 사는 것이며 하나님을 의식하며 사는 것입니다. 다시 말해 인생을 가장 값지고 멋있게 살 수 있는 근거가 바로 부활 신앙입니다.

　부활 신앙을 가지면 죽음을 결코 끝이나 절망으로 보지 않고 철저하게 준비합니다. 부활의 신앙을 가지면 죽음이 새로운 시작임을 알기에 죽음 앞에서도 두려워하지 않고 담대할 수 있습니다. 진시황은 죽지 않으려고 불로초를 구하기 위해 제주도까지 사람을 보냈다고 합니다. 부활이 있음을 안다면 죽지 않으려고 발버둥치지 않습니다. 부활이 있기에 성도들은 다시 만날 것에 대한 기대감을 가집니다.

　"다시 저주가 없으며 하나님과 그 어린 양의 보좌가 그 가운데에 있으리니 그의 종들이 그를 섬기며 그의 얼굴을 볼 터이요 그의 이름도 그들의 이마에 있으리라 다시 밤이 없겠고 등불과 햇빛이 쓸데 없으니 이는 주 하나님이 그들에게 비치심이라 그들이 세세토록

왕 노릇 하리로다"(계 22:3~5)

부활 신앙을 가지면 죽음을 보고 절망하지 않고 죽음 이후를 철저하게 준비합니다. 부활 신앙을 가지면 영원을 준비하게 됩니다. 부활의 신앙을 가지면 죽음 이후에 심판을 미리 준비합니다. 이 세상의 많은 사람이 죽음 이후에 심판이 있다는 사실을 심각하게 받아들이지 않고 있습니다.

"한번 죽는 것은 사람에게 정해진 것이요 그 후에는 심판이 있으리니"(히 9:27)

모든 사람에게는 부활이 있습니다. 그러나 부활에는 악인의 부활과 의인의 부활이 있습니다.

"그들이 기다리는 바 하나님께 향한 소망을 나도 가졌으니 곧 의인과 악인의 부활이 있으리라 함이니이다"(행 24:15)

예수님을 믿음으로 부활의 신앙을 가져 죽음을 미리 준비하는 지혜로운 자들이 되기를 바랍니다.

부활이 없으면 우리의 신앙은 헛것입니다

성경에는 부활이 없으면 모든 신앙은 헛것이라고 말씀하고 있습니다.

"그리스도께서 만일 다시 살아나지 못하셨으면 우리가 전파하는 것도 헛것이요 또 너희 믿음도 헛것이며"(14절)

예수님을 믿는 성도들은 예수님의 부활 때문에 하나님 앞에 당당하게 설 수 있게 되었음을 알아야 합니다. 예수 믿기 전에 지었던 죄는 결코 아무런 문제가 되지 않습니다.

'하나님은 예수님의 십자가의 죽음과 부활로 우리의 과거의 죄를 다 해결하셨기에 다시는 과거를 묻지 않으신다.'

예수님은 다시는 우리의 과거를 문제 삼지 않으십니다.

현재

부활하신 예수님은 이 세상에서 우리와 함께 하십니다. 믿음이란 살아계신 예수님과 함께 하는 것입니다. 이 땅에 오신 예수님의 이름도 임마누엘입니다.

"보라 처녀가 잉태하여 아들을 낳을 것이요 그의 이름은 임마누엘이라 하리라 하셨으니 이를 번역한즉 하나님이 우리와 함께 계시다 함이라"(마 1:23)

예수를 믿는 순간 하나님께서 함께 하심을 경험합니다. 주님께서는 제자들에게 세상 끝날 까지 항상 함께 하실 것을 약속하셨습니다.

"내가 너희에게 분부한 모든 것을 가르쳐 지키게 하라 볼지어다 내가 세상 끝날까지 너희와 항상 함께 있으리라 하시니라"(마 28:20)

믿음이란 살아계신 하나님과 함께 사는 것입니다. 다시 말해 믿는 자들은 하나님의 보호하심과 인도하심 그리고 삶 속에 간섭하심을 경험하는 것입니다. 부활하신 주님, 지금도 살아계신 주님은 우리가 이 세상에서 사는 동안 우리와 함께 하심을 믿기 바랍니다.

미래

예수님의 부활이 우리의 미래를 보장해 주신 것입니다. 죽음 이후의 부활이 있음을 알려 주셨습니다. 부활을 통해 인생은 이 세상만을 사는 존재가 아니라 영원히 사는 존재임을 알려 주신 것입니다. 우리에게는 돌아갈 영원한 고향이 있습니다. 그리고 이 세상에서 하나님 말씀대로 산 자들에 대한 상급이 있습니다.

"나는 선한 싸움을 싸우고 나의 달려갈 길을 마치고 믿음을 지켰으니 이제 후로는 나를 위하여 의의 면류관이 예비되었으므로 주 곧 의로우신 재판장이 그 날에 내게 주실 것이며 내게만 아니라 주의 나타나심을 사모하는 모든 자에게도니라" (딤후 4:7~8)

예수님은 부활로 우리의 미래를 영원히 보장해 주셨습니다. 부활의 축복은 믿는 자에게 천국을 허락하신다는 것입니다. 천국은 이 세상과 다릅니다. 주님과 영원히 함께 하는 곳으로 고통과 아픔이 없는 곳입니다. 그 곳을 새 하늘과 새 땅이라고 부릅니다.

"또 내가 새 하늘과 새 땅을 보니 처음 하늘과 처음 땅이 없어졌고 바다도 다시 있지 않더라 또 내가 보매 거룩한 성 새 예루살렘이 하나님께로부터 하늘에서 내려오니 그 준비한 것이 신부가 남편을 위하여 단장한 것 같더라 내가 들으니 보좌에서 큰 음성이 나서 이르되 보라 하나님의 장막이 사람들과 함께 있으매 하나님이 그들과 함께 계시리니 그들은 하나님의 백성이 되고 하나님은 친히 그들과 함께 계셔서 모든 눈물을 그 눈에서 닦아 주시니 다시는 사망이 없고 애통하는 것이나 곡하는 것이나 아픈 것이 다시 있지 아니하리니 처음 것들이 다 지나갔음이러라"(계 21:1~4)

 부활의 축복이 우리의 전 생애 속에 축복으로 다가오고 있는 것입니다. 우리 모두 예수님을 믿음으로 부활의 축복을 누리시길 바랍니다.

부활이 주는 의미

고린도전서 15:11~15

11 그러므로 나나 그들이나 이같이 전파하매 너희도 이같이 믿었느니라
12 그리스도께서 죽은 자 가운데서 다시 살아나셨다 전파되었거늘 너희 중에서 어떤 사람들은 어찌하여 죽은 자 가운데서 부활이 없다 하느냐
13 만일 죽은 자의 부활이 없으면 그리스도도 다시 살아나지 못하셨으리라
14 그리스도께서 만일 다시 살아나지 못하셨으면 우리가 전파하는 것도 헛것이요 또 너희 믿음도 헛것이며
15 또 우리가 하나님의 거짓 증인으로 발견되리니 우리가 하나님이 그리스도를 다시 살리셨다고 증언하였음이라 만일 죽은 자가 다시 살아나는 일이 없으면 하나님이 그리스도를 다시 살리지 아니하셨으리라

부활이 주는 의미

예수님의 부활이 없었다면 우리의 믿음은 헛것이며 전파하는 복음까지도 헛것이라고 말씀하고 있습니다. 그만큼 부활은 중요한 사건입니다.

하나님께서 인간을 만나기 위해 오셨습니다

예수님께서 이 땅에 오신 것은 하나님께서 우리를 만나기 위해 친히 이 땅으로 오신 것입니다. 사람들은 얼마나 멀리 계신 하나님을 생각했습니다. 그러나 예수님께서 이 땅에 오신 것은 창조주이신 하나님께서 최고의 사랑을 가지고 피조물인 인간 속으로 들어오신 것입니다. 이는 누구나 예수님을 통해 하나님을 만날 수 있음을 알려 주신 것입니다.

예수님은 죽은 자를 살리셨습니다

예수님께서 이 땅에 계시면서 많은 일을 하셨지만 가장 놀라운 일은 죽은 자를 살리신 것이었습니다. 제자들은 예수님께서 죽은 자를 살리실 때마다 예수님께서는 단지 인간의 성품만을 가지신 분이 아니라 하나님의 아들이심을 믿었을 것입니다.

예수님은 회당장 아이로의 딸을 살리셨고, 나인성 과부의 아들도 살리셨고, 죽은 나사로도 살리셨습니다. 그리고 예수님 자신이 살아나신 것입니다. 사람들이 그렇게 무서워하는 죽음이 예수님 앞에서는 아무런 힘을 발휘하지 못한 것입니다. 사람은 죽음의 지배를 받지만 예수님은 죽음을 지배하신 것입니다.

예수님은 제자들에게 자신의 죽음과 부활에 대해 미리 말씀하셨습니다. 그 당시 제자들과 예수님을 따르는 무리들은 예수님의 죽음에 대한 예언을 심각하게 받아들이지 않았습니다. 그러나 막상 예수님께서 십자가에서 돌아가셨다가 삼일 만에 살아나셨을 때 제자들과 예루살렘 사람들에게 대 사건이었습니다. 인간의 생각으로는 도무지 불가능한 일이 일어났기 때문입니다. 예수님은 자신의 부활을 미리 예언하셨고 실제로 삼일 만에 살아나신 것입니다.

"이르시되 인자가 많은 고난을 받고 장로들과 대제사장들과 서기관들에게 버린 바 되어 죽임을 당하고 제삼일에 살아나야 하리라 하시고"(눅 9:22)

"이르시기를 인자가 죄인의 손에 넘겨져 십자가에 못 박히고 제삼일에 다시 살아나야 하리라 하셨느니라 한 대"(눅 24:7)

도마는 예수님의 부활에 대해 믿지 않았고 엠마오로 가던 두 제자는 부활하신 예수님과 함께 길을 가면서까지 예수님의 부활에 대해 믿지 않았습니다.

"그들은 성경에 그가 죽은 자 가운데서 다시 살아나야 하리라 하신 말씀을 아직 알지 못하더라"(요 20:9)

예수님의 부활이 주는 의미

누구나 예수님을 만날 수 있습니다

예수님의 부활은 우리가 시간과 공간의 제약을 초월하여 예수님을 만날 수 있음을 보여주고 있는 것입니다. 2000년 전에 살던 유대 사람들이 만난 예수님을 오늘 우리도 만나고 있습니다. 이는 모든 인류가 예수님을 만날 수 있다는 것입니다. 우리가 예수님을 믿으므로 부활하신 주님을 만난 것입니다. 여러분은 예수님을 만나셨습니까?

예수님은 하나님이십니다

부활은 인간의 이성적인 생각이나 힘으로는 도무지 불가능한 일입니다. 예수님의 부활은 예수님께서 하나님이심을 보여준 사건입니다. 이 세상의 그 누구도 죽음의 권세를 이길 수 없습니다. 오직 하나님만이 하실 수 있습니다. 예수님은 자신에 대해 말씀하실 때 하나님과의 관계를 말씀하셨습니다.

"나와 아버지는 하나이니라 하신대"(요 10:30)

"예수께서 이르시되 빌립아 내가 이렇게 오래 너희와 함께 있으되 네가 나를 알지 못하느냐 나를 본 자는 아버지를 보았거늘 어찌하여 아버지를 보이라 하느냐"(요 14:9)

예수님의 부활은 죄인인 우리에게 희망을 주신 것입니다

죄인은 절망밖에 없습니다. 너무나 가혹한 심판이 기다리고 있기 때문입니다. 십자가는 절망과 심판의 상징이었습니다. 그러나 예수님의 부활로 인해 십자가가 더 이상 절망과 좌절의 상징이 아니고 희망의 상징이 되었습니다.

제자들은 십자가를 생각할 때마다 예수님의 부활을 생각하며 감격하며 예수님을 전하고 예수님을 자랑했습니다.

부활의 기쁨은 우리의 것입니다

예수님께서 십자가에 돌아가시므로 우리가 가졌던 죄와 죽음을 가져가셨습니다. 부활하심으로 우리에게 생명을 주셨습니다. 그리고 예수님의 부활은 바로 우리의 부활로 연결됩니다. 예수님께서 부활하셨기에 우리도 부활할 것임을 성경은 말씀하고 있습니다.

"하나님이 주를 다시 살리셨고 또한 그의 권능으로 우리를 다시 살리시리라"(고전 6:14)

예수님의 부활은 우리의 기쁨인 것입니다. 예수님께서 십자가에서 우리 죄를 대신 지시고 부활하심으로 인생의 힘으로는 도무지 해결할 수 없는 죄와 심판에서 벗어나게 해 주셨습니다. 그렇다면 우리는 어떻게 해야 합니까?

부활하신 예수님을 믿어야 합니다

잠시 믿음에 대해 설명하자면 믿음이란 이런 것입니다. 알렉산더 플레밍이 발명한 페니실린의 예를 들면, 페니실린은 많은 사람이 혈액 감염으로 죽어가는 것을 살렸습니다. 페니실린이 있다는 것을 인정하고 페니실린의 치료 능력을 신뢰하고 페니실린 주사를 맞아야 합니다. 아무리 치료 능력을 신뢰한다고 해도 맞지 않으면 소용이 없습니다. 예수님의 십자가의 죽음과 부활에서 가장 중요한 것은 바로 페니실린이 혈액의 감염을 치료해 주듯이 믿고 맞아야 합니다. 믿음은 예수님의 십자가의 부활과 우리를 연결해 주고 있습니다. 믿음은 우리를 예수님과 연결시켜 예수님께서 부활하심으로 우리에게 주시기로 작정하신 죄의 용서와 영생 그리고 천국의 모든 축복을 누리도록 해 주셨습니다. 우리의 그 어떤 공로도 우리를 죄로부터 자유롭게 할 수 없습니다. 오직 예수님을 믿을 때만 이 축복이 우리에게 주어지는 것입니다.

믿음의 의미

마틴 루터는 믿음에 대해 이렇게 말하고 있습니다. '교리에 대한 단순한 동의가 아니라 그리스도께 대한 헌신과 연합을 상징하는 결혼반지이다.' 이는 부부가 한 몸이 될 때 주고받는 결혼반지를 연상케 합니다. 그리스도인들은 믿음을 통해 예수님과 연합된 삶을 사는 것입니다. 그래서 사도 바울은 그리스도 안에서라는 말씀을 자주 사용하고 있습니다.

또한 칼빈은 '우리가 믿음을 통해 그리스도께 접붙인 바 되었다'고 말했습니다. 이는 믿음을 통해 예수님과 진정한 교제를 누리게 될 것을 말씀하고 있는 것입니다. 믿음을 통해 진정한 교제를 하도록 가장 잘 표현한 단어가 바로 결혼입니다. 예수님을 진정으로 믿는 순간

(인격적으로 영접하는 순간) 부부가 혼인 서약하는 것과 같은 기쁨을 맛보게 됩니다. 최고의 사랑을 받는 신부가 되는 것입니다.

마틴 루터가 1520년에 '그리스도인의 자유'라는 글에서 믿음에 대해 이렇게 표현하고 있습니다. '신랑과 신부가 연합된 것처럼 믿음은 성도를 그리스도와 연합하게 한다. 바울이 말한 것처럼 예수님과 성도는 한 몸이 된다. 만약 진정으로 결혼했다면 둘은 한 몸이 되고 그들이 가진 것은 좋은 것이나 나쁜 것 모두 공동의 소유가 된다. 따라서 믿는 사람은 그리스도의 모든 영광을 마치 자신의 것처럼 자랑할 수 있다. 인간의 영혼은 죄와 죽음과 파멸로 가득하다. 그러나 믿음을 통해 죄와 죽음, 파멸은 그리스도의 것이 되고 은총과 생명, 구원은 우리의 것이 되었다.'

믿음을 통해 그리스도께서 가지고 계신 죄용서와 기쁨과 희망의 부활을 우리가 받을 수 있는 것입니다. 사랑받는 신부로 영광된 자리에 설 수 있는 것입니다.

믿음을 통해 부활의 주님과 교제하며 삽니다

부활의 예수님을 믿는 동안 끊임없는 교제를 통해 주님을 내 마음에 모시고 살아가는 것입니다. 우리의 믿음을 통해 부활하신 주님은 우리의 신랑이 되셔서 우리와 함께 하십니다. 그리고 부활의 주님은 하나님 앞까지 우리를 인도하십니다. 부활의 주님과의 교제는 친밀한 사랑의 교제입니다. 세상 끝날까지 우리와 함께 하시는 영원한 교제입니다. 그러므로 우리는 외롭지 않습니다. 흔들리지 않습니다. 어떤 핍박 어려움이 있어도 우리를 지극히 사랑하셔서 십자가에 죽으시고 살아나신 부활의 주님이 영원히 함께 하시기 때문입니다. 영원히 주님과 교제할 특권을 받고 사는 것입니다.

부활의 기쁨을 나누어야 합니다

제자들은 자신들이 받은 이 큰 예수님의 십자가 사랑과 부활을 외치고 다녔습니다. 십자가와 부활만 생각하면 감격하고 흥분하며 곳곳에 복음을 전한 것입니다. 이제 우리도 부활의 감격을 사랑하는 이웃들에게도 함께 나누도록 합시다. 주님은 우리가 부활의 기쁨을 전해야 할 것을 이렇게 말씀하셨습니다.

우리는 예수님께서 이 땅에서 마지막으로 하신 말씀을 기억해야 합니다.

"그러므로 너희는 가서 모든 민족을 제자로 삼아 아버지와 아들과 성령의 이름으로 세례를 베풀고 내가 너희에게 분부한 모든 것을 가르쳐 지키게 하라 볼지어다 내가 세상 끝날까지 너희와 항상 함께 있으리라 하시니라"(마 28:19~20)

예수님의 부활의 감격을 가지고 제자 삼는 일에 최선을 다할 때 부활하신 주님은 세상 끝날 까지 항상 함께 계시는 것입니다. 우리가 누리는 모든 축복은 예수님의 부활로부터 시작된 것임을 믿으시기 바랍니다.

예수님을 사랑한 사람들

마가복음 16:1~8

1 안식일이 지나매 막달라 마리아와 야고보의 어머니 마리아와 또 살로메가 가서 예수께 바르기 위하여 향품을 사다 두었다가
2 안식 후 첫날 매우 일찍이 해 돋을 때에 그 무덤으로 가며
3 서로 말하되 누가 우리를 위하여 무덤 문에서 돌을 굴려 주리요 하더니
4 눈을 들어본즉 벌써 돌이 굴려져 있는데 그 돌이 심히 크더라
5 무덤에 들어가서 흰 옷을 입은 한 청년이 우편에 앉은 것을 보고 놀라매
6 청년이 이르되 놀라지 말라 너희가 십자가에 못 박히신 나사렛 예수를 찾는구나 그가 살아나셨고 여기 계시지 아니하니라 보라 그를 두었던 곳이니라
7 가서 그의 제자들과 베드로에게 이르기를 예수께서 너희보다 먼저 갈릴리로 가시나니 전에 너희에게 말씀하신 대로 너희가 거기서 뵈오리라 하라 하는지라
8 여자들이 몹시 놀라 떨며 나와 무덤에서 도망하고 무서워하여 아무에게 아무 말도 하지 못하더라

예수님을 사랑한 사람들

예수님을 만나기를 간절히 원했고 열광했던 사람들이 예수님의 십자가 앞에서는 거의 다 떠나갔습니다. 그러나 십자가의 죽음 앞에서도 끝까지 예수님과 함께 한 소수의 사람들이 있었습니다. 예수님의 십자가의 죽음과 상관없이 여전히 예수님을 사랑했던 것입니다. 예수님의 십자가를 보며 마음의 고통과 아픔을 느꼈지만 가장 큰 기쁨도 맛보게 된 것입니다. 예수님과 고통을 함께 하는 자는 기쁨과 감격도 함께 한다는 사실을 알아야 합니다.

"안식일이 지나매 막달라 마리아와 야고보의 어머니 마리아와 또 살로메가 가서 예수께 바르기 위하여 향품을 사다 두었다가"(1절)

예수님의 죽음과 부활을 함께 했던 자들은 몇 사람의 여인들이 있었습니다. 막달라 마리아는 바로 막달라라는 지역에 살던 여인으로 일곱 귀신이 들었으나 예수님께서 쫓아 내주셨고 이후 주님을 따르게 됩니다.

살로메는 평화라는 뜻으로 예수님의 제자 야고보와 요한의 어머니이며 세베대의 아내입니다. 살로메는 예수님께서 초기에 사역하셨던 갈릴리에서부터 운명하실 때까지 동행한 인내하는 신앙을 가졌던 것으로 보여집니다. 두 아들의 세속적인 영광을 예수님께 구하기도 했습니다. 그러나 살로메는 두 아들 야고보와 요한을 예수님께 드리고 자신도 끝까지 예수님을 따랐으며 예수님의 부활의 증인이 됩니다.

이 여인들은 예수님의 십자가 죽음 이후에 예수님의 무덤을 찾아갑니다.

향품을 준비했습니다

"안식일이 지나매 막달라 마리아와 야고보의 어머니 마리아와 또 살로메가 가서 예수께 바르기 위하여 향품을 사다 두었다가"(1절)
예수님을 위해 향품을 준비했습니다. 죽으면 모든 것이 끝입니다. 그러나 죽은 예수님을 위해 향품을 준비한다는 것은 예수님을 사랑했기 때문에 가능한 것입니다. 예수님을 향한 열정이 대단한 사람들이었습니다. 이 여인들이 가지고 간 향품은 시체의 썩는 냄새를 막기 위한 기름과 같은 액체입니다. 주님을 사랑했던 사람들은 예수님께서 당하신 고난을 잊을 수 없었을 것입니다. 피투성이가 된 온 몸과 타박상으로 멍든 부분들과 그 상처에 향품을 바르고 싶었던 것입니다. 막달라 마리아는 예수님께서 장사되는 것을 보았고, 어떻게 눕혀져 있는지를 미리 파악해 두었습니다.

"요셉이 세마포를 사서 예수를 내려다가 그것으로 싸서 바위 속에 판 무덤에 넣어 두고 돌을 굴려 무덤 문에 놓으매 막달라 마리아와 요세의 어머니 마리아가 예수 둔 곳을 보더라"(막 15:46~47)

이들은 준비한 향품을 주님께 정성껏 드리기 위해 철저하게 준비했던 것입니다.

매우 일찍이 무덤으로 향했습니다

"안식 후 첫날 매우 일찍이 해 돋을 때에 그 무덤으로 가며"(2절)

새벽 일찍 일어나는 사람은 마음과 함께 일어나야 합니다. 주님을 향한 사랑과 열정이 없이는 불가능합니다. 여인들은 새벽 일찍 무덤으로 갔습니다.

어떤 장애물도 두려워하지 않았습니다

예수님의 무덤으로 가는 일에는 여러 가지 장애물이 있었습니다. 먼저 의식법상 시체를 만지는 것은 부정한 것으로 여겨질 뿐 아니라 이미 장례가 끝난 뒤에 향품을 바르는 일은 거의 없었기 때문입니다. 그러나 이 여인들은 일반적인 관례를 깨고 향품을 준비한 것을 보면 이들의 열정이 대단했던 것입니다.

"서로 말하되 누가 우리를 위하여 무덤 문에서 돌을 굴려 주리요 하더니"(3절)

무덤의 입구는 큰 돌로 막혀 있었습니다. 높이는 3피트, 너비는 4피트로 이 돌을 제거하기 위해서는 적어도 3명의 건장한 남자들이 필요했습니다. 그러나 어떤 장애물도 주님에 대한 사랑을 가로 막을 수 없었습니다. 사랑은 직접 행동으로 옮기는 것입니다. 머리로 하는 것이 아닙니다. 장애물이 있어도 도전하는 것이 사랑이요 믿음입니다. 불가능 하다고 머리로 생각하고 미리 포기하는 것은 사랑이 아닙니다. 주님에 대한 사랑은 어떤 장애물도 문제가 되지 않았습니다.

염려가 해결되어 있었습니다

"눈을 들어본즉 벌써 돌이 굴려져 있는데 그 돌이 심히 크더라"(4절)

실제로 그들이 무덤 앞에 갔을 때 자신들의 눈을 의심해야 했습니다. 그들이 염려한 장애물은 다 해결되어 있었던 것입니다. 무덤을 막고 있던 큰 돌이 치워져 있었습니다. 그리고 그들이 일반적인 관례를 무시하고 예수님의 시체에 향품을 바를 필요가 없었습니다. 예수님께서는 이미 부활하셨기 때문입니다.

주님에 대한 사랑은 모든 문제를 해결하는 열쇠

"우리가 알거니와 하나님을 사랑하는 자 곧 그의 뜻대로 부르심을 입은 자들에게는 모든 것이 합력하여 선을 이루느니라"(롬 8:28) 이 말씀은 이런 내용입니다. 하나님께서는 모든 일을 하나님의 목적을 위해 부름 받은 사람, 하나님을 사랑하는 사람들을 위해 일하신다는 것입니다. 하나님을 사랑하기 때문에 하나님의 뜻대로 일하는 사람은 하나님께서 함께 일해주시기에 그 결과가 좋다는 것입니다.

예수님의 부활 소식을 들음

"무덤에 들어가서 흰 옷을 입은 한 청년이 우편에 앉은 것을 보고 놀라매 청년이 이르되 놀라지 말라 너희가 십자가에 못 박히신 나사렛 예수를 찾는구나 그가 살아나셨고 여기 계시지 아니하니라 보라 그를 두었던 곳이니라"(5~6절)

주님에 대한 사랑으로 무덤에 달려 왔을 때 천사를 통해 예수님의 부활 소식을 듣습니다. 예수님은 죽은 시신으로 만나는 것을 거절하셨습니다. 이 세상의 누구도 예수님의 시체를 볼 수 없었습니다. 예수님은 살아계신 주님으로 우리를 만나기를 원하시기 때문입니다. 그러므로 예수님을 만나기를 원하는 모든 자들은 부활하신 주님을 만나게 됩니다.

이 사실을 알리라

"가서 그의 제자들과 베드로에게 이르기를 예수께서 너희보다 먼저 갈릴리로 가시나니 전에 너희에게 말씀하신 대로 너희가 거기서 뵈오리라 하라 하는지라"(7절)

여인들은 부활을 가장 먼저 알리는 메신저가 되는 특권을 누리게 됩니다. 가장 먼저 예수님의 부활을 알았던 이 여인들은 끝까지 주님을 따랐던 자들입니다. 좋은 믿음은 끝까지 주님을 따른 이 여인들과 같은 믿음입니다. 인내하는 사람이 복된 사람입니다.

"보라 인내하는 자를 우리가 복되다 하나니 너희가 욥의 인내를 들었고 주께서 주신 결말을 보았거니와 주는 가장 자비하시고 긍휼히 여기시는 이시니라"(약 5:11)

부활은 놀라운 사건

"여자들이 몹시 놀라 떨며 나와 무덤에서 도망하고 무서워하여 아무에게 아무 말도 하지 못하더라"(8절)

부활은 기쁜 사건이지만 너무나 놀라운 사건입니다. 막달라 마리아와 여인들은 평소 예수님의 부활에 대해 들었을 것입니다. 그러나 그 사실을 확인하고는 너무나 놀라고 두려웠던 것입니다. 우리가 실제로 부활할 때 그 기쁨과 감격은 얼마나 대단하겠습니까? 아니 너무나 놀랄 것입니다.

부활하신 주님과의 영원한 교제

예수님의 부활로 주님을 사랑하는 자들은 누구나 살아계신 주님을 만날 수 있습니다. 죽은 자와는 교제할 수 없습니다. 그러나 산 자와는 교제할 수 있습니다. 주님께서 살아나셨다는 것은 살아계신 주님과 영원한 교제가 있음을 알려 주신 것입니다. 영원히 주님과 교제 할 것입니다. 우리를 죽기까지 사랑하신 주님과의 교제입니다. 얼마나 좋겠습니까?

사람에게도 부활이 있습니다

인간과 똑같은 육체로 오신 주님의 부활은 인생에게도 부활이 있음을 알려 주신 것입니다. 주님을 믿는 자는 누구나 주님처럼 부활이 있음을 말씀하신 것입니다.

"선한 일을 행한 자는 생명의 부활로, 악한 일을 행한 자는 심판의 부활로 나오리라"(요 5:29)

모든 사람은 예수 그리스도의 재림 이후에 부활하여 행적에 따라 상급이 주어집니다. 여기서 '선한 일을 행한 자' 또는 '악한 일을 행한 자'란 도덕적인 차원을 말하는 것이 아니고 믿음을 기준으로 하고 있는 것입니다.

"내가 진실로 진실로 너희에게 이르노니 내 말을 듣고 또 나 보내신 이를 믿는 자는 영생을 얻었고 심판에 이르지 아니하나니 사망

에서 생명으로 옮겼느니라"(요 5:24)

사람에게도 부활이 있습니다. 이 사실을 인간의 몸으로 오신 예수님께서 자신이 부활하심으로 우리에게 알려 주신 것입니다.

"예수께서 이르시되 나는 부활이요 생명이니 나를 믿는 자는 죽어도 살겠고 무릇 살아서 나를 믿는 자는 영원히 죽지 아니하리니 이것을 네가 믿느냐"(요 11:25~26)

사람들은 나이가 들면 육체의 모든 기능이 서서히 저하됩니다. 그리고 죽음이 다가옵니다. 그러나 낙심하지 말아야 합니다. 모든 것을 내려놓아야 할 때가 있습니다. 그것은 영원히 빼앗기는 것이 아닙니다. 끝이 아닙니다. 주님께서 재림하시는 그 날 영광스럽게 부활할 것입니다. 육체가 제 기능을 못한다고 괴로워하지 마시기 바랍니다. 부활의 시간에 다시는 죽지 않고 썩지 않는 완전한 상태로 바뀔 것입니다. 주님이 다시 오시면 영광스런 부활의 기쁨을 맛보게 될 것입니다.

예수님의 부활이 바로 우리의 부활을 알려 주신 것입니다.

부활은 소망입니다. 예수님의 부활은 우리의 영원한 미래를 보장한 가장 기쁜 일인 것입니다. 예수님의 부활은 새로운 나라와 새로운 시간이 우리에게 기다리고 있음을 아주 강력하게 선포하신 것입니다. 예수님의 부활 때문에 우리 모두에게 부활의 기쁨이 있음을 알고 언제나 부활 신앙으로 승리하는 삶을 사시기 바랍니다.

부활을 믿는 자의 삶

마태복음 28:1~10

1 안식일이 다 지나고 안식 후 첫날이 되려는 새벽에 막달라 마리아와 다른 마리아가 무덤을 보려고 갔더니
2 큰 지진이 나며 주의 천사가 하늘로부터 내려와 돌을 굴려 내고 그 위에 앉았는데
3 그 형상이 번개 같고 그 옷은 눈 같이 희거늘
4 지키던 자들이 그를 무서워하여 떨며 죽은 사람과 같이 되었더라
5 천사가 여자들에게 말하여 이르되 너희는 무서워하지 말라 십자가에 못 박히신 예수를 너희가 찾는 줄을 내가 아노라
6 그가 여기 계시지 않고 그가 말씀 하시던 대로 살아나셨느니라 와서 그가 누우셨던 곳을 보라
7 또 빨리 가서 그의 제자들에게 이르되 그가 죽은 자 가운데서 살아나셨고 너희보다 먼저 갈릴리로 가시나니 거기서 너희가 뵈오리라 하라 보라 내가 너희에게 일렀느니라 하거늘
8 그 여자들이 무서움과 큰 기쁨으로 빨리 무덤을 떠나 제자들에게 알리려고 달음질할새
9 예수께서 그들을 만나 이르시되 평안하냐 하시거늘 여자들이 나아가 그 발을 붙잡고 경배하니
10 이에 예수께서 이르시되 무서워하지 말라 가서 내 형제들에게 갈릴리로 가라 하라 거기서 나를 보리라 하시니라

부활을 믿는 자의 삶

마틴 루터가 낙심과 좌절에 빠졌을 때 그의 아내가 상복을 입고 루터에게 왔습니다. 루터가 깜짝 놀라서 누가 죽었느냐고 물었습니다. "네, 하나님이 돌아가셨습니다." 깜짝 놀라는 루터를 향해 "하나님께서 돌아가시지 않고 당신이 이처럼 절망과 좌절에 빠질 수 있겠습니까?" 이 말에 루터는 더욱 용기를 얻어서 종교개혁의 과업을 진행했습니다.

예수님의 부활을 믿는 사람은 삶의 모습이 달라야 합니다. 불신자들과 전혀 다른 삶을 살아야 합니다. 삶의 차원이 다른 사람이 그리스도인입니다.

기쁨의 삶

"그 여자들이 무서움과 큰 기쁨으로 빨리 무덤을 떠나 제자들에게 알리려고 달음질할새"(8절)

막달라 마리아와 다른 마리아는 슬픈 마음으로 예수의 무덤을 찾아습니다. 그러나 천사로부터 예수님이 살아나셨다는 소식을 듣고 큰 기쁨으로 무덤을 떠났습니다.

죄의 문제가 해결되었습니다

인생의 문제는 죄와 죽음입니다. 죄와 죽음의 문제에서 벗어날 수 있는 인생은 아무도 없습니다. 오직 다시 살아나신 예수 그리스도만이 죽음의 문제를 해결할 수 있습니다. 부활의 소망이 없다면 진정한 기쁨의 이유도 없습니다. 부활의 소망이 없다면 인생은 헛되고 헛된 것입니다. 그러나 부활의 소망이 확실하다면 현실이 아무리 힘들어도 우리는 여전히 기뻐할 이유가 있는 것입니다. 이는 우리의 근본 문제가 해결되었기 때문입니다. 바울이 어려운 상황 속에서도 기뻐하고 감사하라는 이유는 바로 여기에 있습니다.

"주 안에서 항상 기뻐하라 내가 다시 말하노니 기뻐하라"(빌 4:4)

경배하는 삶

"예수께서 그들을 만나 이르시되 평안하냐 하시거늘 여자들이 나아가 그 발을 붙잡고 경배하니"(9절)

경배는 사람에게 하는 것이 아닙니다. 하나님께 하는 것입니다.

예수님의 부활은 예수님이 하나님 되심을 보여주신 것입니다.

"성결의 영으로는 죽은 자들 가운데서 부활하사 능력으로 하나님의 아들로 선포되셨으니 곧 우리 주 예수 그리스도시니라"(롬 1:4)

경배란 하나님의 하나님 되심을 인정하고 그분의 주권 앞에 엎드리는 행위입니다. 우리는 주님 앞에 엎드릴 때마다 하나님의 살아계심을 확인합니다. 이것이 예배입니다. 우리만의 특권입니다.

많은 문제를 안고 사는 인생입니다만 문제의 해결자 하나님만 바라본다면 우리의 인생이 달라질 것입니다. 믿음의 사람들은 예배를 드리면서 하나님께서 자신의 인생을 인도하신다는 사실을 믿었고 더욱 신뢰하고 모든 삶을 맡겨 드렸습니다. 그리고 기대했습니다. 하나님께 맡겨 드리니 달라질 것입니다.

증거의 삶

"이에 예수께서 이르시되 무서워하지 말라 가서 내 형제들에게 갈릴리로 가라 거기서 나를 보리라 하시니라"(10절)

갈릴리는 가장 변방으로 소외된 계층이 사는 지역이었습니다. 소망 없는 그들에게 부활의 기쁜 소식을 전하라는 것입니다. 다시 살아나신 예수님을 만난 여인들은 이 명령에 순종했습니다. 부활의 기쁜 소식을 전하는 전도자가 되었습니다. 복음 전파는 모든 그리스도인들의 의무입니다. 우리가 복음을 전하지 않는다면 누가 부활의 소식을 전하겠습니까? 부활의 시작은 전도로부터 시작됩니다. 제자들의 위임의 시작도 전도로부터 시작됩니다.

  예수님의 부활은 우리의 죄의 문제를 해결해 주셨습니다. 그러므로 우리는 항상 기뻐하며 살아야 합니다. 우리도 부활할 것입니다. 그러니 기뻐하며 살아야 합니다. 살아계신 주님을 경배하는 예배자로 살아야 합니다. 그리고 전도자의 삶을 살아야 합니다. 우리의 소망이 되시고 부활과 영생을 주신 주님을 전파하는 것이 바로 우리가 살아야 할 이유입니다.

부활이 주는 신비

누가복음 24:1~12

1 안식 후 첫날 새벽에 이 여자들이 그 준비한 향품을 가지고 무덤에 가서
2 돌이 무덤에서 굴려 옮겨진 것을 보고
3 들어가니 주 예수의 시체가 보이지 아니하더라
4 이로 인하여 근심할 때에 문득 찬란한 옷을 입은 두 사람이 곁에 섰는지라
5 여자들이 두려워 얼굴을 땅에 대니 두 사람이 이르되 어찌하여 살아 있는 자를 죽은 자 가운데서 찾느냐
6 여기 계시지 않고 살아나셨느니라 갈릴리에 계실 때에 너희에게 어떻게 말씀하셨는지를 기억하라
7 이르시기를 인자가 죄인의 손에 넘겨져 십자가에 못 박히고 제삼일에 다시 살아나야 하리라 하셨느니라 한대
8 그들이 예수의 말씀을 기억하고
9 무덤에서 돌아가 이 모든 것을 열한 사도와 다른 모든 이에게 알리니
10 (이 여자들은 막달라 마리아와 요안나와 야고보의 모친 마리아라 또 그들과 함께 한 다른 여자들도 이것을 사도들에게 알리니라)
11 사도들은 그들의 말이 허탄한 듯이 들려 믿지 아니하나
12 베드로는 일어나 무덤에 달려가서 구부려 들여다 보니 세마포만 보이는지라 그 된 일을 놀랍게 여기며 집으로 돌아가니라

부활이 주는 신비

향품을 가지고 새벽에 찾아온 여인들

　예수님의 죽음 이후에도 예수님에 대한 사랑과 신뢰감을 가졌던 자들이 갈릴리에서부터 온 여인들이었습니다. 이 여인들은 예수님께서 십자가에 죽으신 후 여인들이 향품을 준비해서 예수님의 무덤으로 주일 새벽 일찍 찾아갔습니다. 그들의 손에는 향품이 들려 있었습니다. 십자가에 돌아가신 예수님의 몸은 채찍에 맞아서 등은 걸레처럼 되었고 온 몸은 피투성이가 되었습니다. 머리는 가시에 찔리고 손과 발은 못자국이 나 있었고 옆구리에는 창자국이 나 있었습니다. 그야말로 온 몸을 강도들에게 난도질을 당한 처참한 모습을 본 여인들은 예수님의 몸에 향유와 향품을 발라 드리고 싶었던 것입니다. 이 땅에서 마지막으로 가시는 예수님의 시신이라도 향품으로 깨끗하게 닦아 드리고 싶었던 것입니다. 참으로 따뜻한 마음이 아닙니까?

사라진 시체

"돌이 무덤에서 굴려 옮겨진 것을 보고 들어가니 주 예수의 시체가 보이지 아니하더라"(2~3절)

여인들이 예수님의 무덤 앞에 왔을 때, 무덤의 문이 열려 있었고 시체가 보이지 않았습니다. 시체가 사라져 버린 것입니다. 얼마나 놀랐겠습니까?

근심하는 여인들에게 나타난 천사

"이로 인하여 근심할 때에 문득 찬란한 옷을 입은 두 사람이 곁에 섰는지라 여자들이 두려워 얼굴을 땅에 대니 두 사람이 이르되 어찌하여 살아 있는 자를 죽은 자 가운데서 찾느냐"(4~5절)

예수님의 시체가 사라진 것을 보고 근심하고 있을 때, 찬란한 옷을 입은 두 사람이 곁에 서 있는 것을 보게 됩니다. 여기서 두 사람은 천사였습니다.

"흰 옷 입은 두 천사가 예수의 시체 뉘었던 곳에 하나는 머리 편에, 하나는 발 편에 앉았더라"(요 20:12)

여인들은 두려워 얼굴을 땅에 대었습니다. 찬란한 옷을 입은 천사의 초자연적인 위엄 앞에 놀라서 얼굴을 땅에 대었습니다. 신비감과 두려움에 휩싸인 것입니다.

말씀대로 부활하신 예수님

두려움에 떨고 있는 여인들에게 '어찌하여 산 자를 죽은 자 가운데서 찾느냐' 고 말씀하고 있습니다. '어찌하여' 란 '왜' 라는 말입니다. 이 말씀은 책망의 의미를 담고 있습니다. 죽은 자를 찾기 위해 무덤을 찾은 것이 당연한데 책망하고 있는 것입니다. 그리고는 예수님께서 부활하셨다고 말씀하고 있습니다.

"여기 계시지 않고 살아나셨느니라 갈릴리에 계실 때에 너희에게 어떻게 말씀하셨는지를 기억하라"(6절)

예수님께서 부활하신 것을 알리면서 이 여인들에게 갈릴리에서 예수님께서 말씀하신 것을 기억하라고 말씀하고 있습니다.

성도들이 근심하는 이유는 주신 말씀을 잊어버렸기 때문입니다. 주님께서 분명하게 말씀하셨는데 주신 말씀을 잊어버렸거나 한 귀로 듣고 한 귀로 흘려버렸기 때문일 것입니다. 우리 앞에 직면한 어떤 상황, 어떤 문제도 지나고 보면 하나님께서 말씀하신 것입니다. 그러나 하나님의 말씀을 잊어버리고 현재 상황을 일반적으로 해석하고 행동하는 것이 문제입니다. 이 여인들은 분명하게 예수님의 가르침을 들었습니다.

"이르시되 인자가 많은 고난을 받고 장로들과 대제사장들과 서기관들에게 버린 바 되어 죽임을 당하고 제삼일에 살아나야 하리라 하시고"(눅 9:22)

"인자가 이방인들에게 넘겨져 희롱을 당하고 능욕을 당하고 침 뱉음을 당하겠으며 그들은 채찍질하고 그를 죽일 것이나 그는 삼일 만에 살아나리라 하시되"(눅 18:32~33)

그러므로 하나님 말씀으로 마음을 채워야 합니다. 하나님 말씀을 들어도 믿고 확신해야 합니다. 많은 사람들이 하나님의 말씀을 들어도 건성으로 듣고 확신하지 못하기에 좌절하고 근심하게 됩니다. 하나님의 말씀은 하나님의 약속이기에 하나님의 인격이 배어있습니다. 그래서 하나님의 말씀은 살아있고, 운동력 있는 말씀인 것입니다.

이 세상의 어떤 사상이나 철학 속에도 없는 부활이 하나님 말씀을 통해 이루어진 것입니다. 죽음은 절망입니다. 그러나 예수님 안에서는 죽음 이후에 부활이 있습니다. 하나님 말씀 속에 부활이 있었고 그대로 이루어진 것입니다.

예수님은 자신이 직접 죽은 자를 살리셨습니다. 예수님은 부활이 있음을 이 세상에 사시는 동안 실제로 보여 주셨습니다. 나인성 과부의 아들, 야이로의 딸, 나사로를 살리신 것입니다.

부활은 죽음을 이긴 대 사건입니다

죽음은 인간이 피할 수 없는 필연적인 사건입니다. 그런데 죽은 지 3일만에 예수님께서 살아나신 것입니다. 죽음 앞에서 무기력한

줄 알았는데 예수님은 죽은 자를 살리셨고 예수님 자신도 살아나셨습니다. 이것은 예수님께서 죽음의 권세를 굴복시킬 권세를 가지신 분이라는 것입니다. 우리가 예수님을 믿으면 죽음의 권세에서 이기고 부활의 기쁨을 누릴 수 있는 것입니다. 이는 예수님께서 생명을 주시는 분임을 알게 해 주고 있습니다.

부활은 하나님의 세계에서는 지극히 당연한 일입니다

이 땅의 법칙은 산 자는 죽는다는 법칙입니다. 그러므로 죽은 자가 부활한다는 것은 기적이요 경이로운 사건입니다. 그러나 생명을 주관하시는 하나님의 입장에서는 지극히 평범한 일입니다. 우리는 하나님의 능력을 믿어야 합니다. 루터는 '부활의 약속은 성경에만 기록된 것이 아니요 봄철에 돋아나는 풀 잎사귀 위에도 있습니다.'라고 했습니다. 무덤이 예수님을 가두어 둘 수는 없었습니다. 부활은 인생이 죽음으로 끝나지 않음을 실제로 보여 주신 것입니다.

인생에게는 예수님의 십자가와 부활을 통해 영원한 시간들이 계속되는 것입니다. 죽음은 모든 것을 빼앗아가는 것처럼 보이지만 예수님의 부활로 우리는 다시 살게 될 것입니다.

또한 죽음 이후에 천국이 있음을 부활 사건을 통해 확신시켜 주신 것입니다. 부활은 천국에 대한 소망을 가지게 해 줍니다. 죽음에 대한 두려움을 극복하도록 해 줍니다.

예수님의 부활은 우리에게도 부활의 길을 열어 주신 것입니다. 얼마나 기쁘고 감사한 일입니까? 예수님께서 부활의 첫 열매가 되시므로 우리에게도 부활이 있음을 확인시켜 주신 것입니다.

"그러나 이제 그리스도께서 죽은 자 가운데서 다시 살아나사 잠자는 자들의 첫 열매가 되셨도다, 그러나 각각 자기 차례대로 되리니 먼저는 첫 열매인 그리스도요 다음에는 그가 강림하실 때에 그리스도에게 속한 자요"(고전 15:20,23)

부활은 사랑하는 믿음의 사람들과 다시 만날 것을 보장해 줍니다. 죽음은 이 세상에서의 이별을 가져다주지만 부활은 영원히 함께 살 것임을 보장해 주신 것입니다. 이 세상에서의 죽음도 이길 수 있습니다. 잠시 후에 다시 만날 것이기 때문입니다.

부활은 예수님과 영원히 함께 할 것을 알려 주신 것입니다. 사랑하는 사람과 영원히 함께 할 거처가 바로 천국인 것입니다.

부활이 있기에 이 세상에서의 어려움과 아픔도 참을 수 있습니다

부활은 인내할 수 있는 이유입니다. 부활이 없다면 인내할 이유도 없고 노력할 이유도 없습니다. 되는대로 살다가 죽으면 되는 것입니다.

부활은 하나님의 형상을 닮은 사람에게 주신 최고의 축복입니다

부활은 이 세상과 천국이 연결되어 있음을 보여 주는 신비한 사건입니다. 예수님의 부활로 우리가 의롭게 되었습니다. 이제는 의인으로 당당하게 주님 앞에 나갈 수 있게 되었습니다. 부활에 대해 깊이 생각합시다. 부활에 대해 깊이 생각하며 자신의 미래에 대하여 소망과 확신을 가져야 합니다.

부활에 대해 다시 확인 시켜 주는 천사

"이르시기를 인자가 죄인의 손에 넘겨져 십자가에 못 박히고 제삼일에 다시 살아나야 하리라 하셨느니라 한대 그들이 예수의 말씀을 기억하고"(7~8절)

부활에 대한 말씀을 비로소 기억하게 됩니다.

열 한 사도에게 부활을 알림

"무덤에서 돌아가 이 모든 것을 열한 사도와 다른 모든 이에게 알리니 (이 여자들은 막달라 마리아와 요안나와 야고보의 모친 마리아라 또 그들과 함께 한 다른 여자들도 이것을 사도들에게 알리니라)"(9~10절)

"사도들은 그들의 말이 허탄한 듯이 들려 믿지 아니하나"(11절)

부활은 인간의 생각으로 불가능하게 보입니다. 그래서 듣고도 믿지 않았습니다. 많은 성도들이 하나님 말씀을 듣고도 믿지 않습니다. 이해되는 것만 믿으려고 합니다. 하나님께는 불가능이 없으십니다. 하나님은 기적을 행하시는 분입니다.

"베드로는 일어나 무덤에 달려가서 구부려 들여다 보니 세마포만 보이는지라 그 된 일을 놀랍게 여기며 집으로 돌아가니라"(12절)

반신반의 하며 무덤으로 달려갔던 베드로는 예수님의 빈 무덤을 확인하고 돌아갔습니다. 그리고 제자들은 부활하신 예수님을 만나게 됩니다.

부활은 복음의 열정으로 바뀌어야 합니다

십자가의 죽음을 목격한 제자들은 좌절과 허탈감 속에 지냅니다. 그러나 예수님께서 부활하신 것을 확인한 순간부터 제자들은 부활하신 주님을 전하기 시작했습니다. 그들에게 부활하신 주님은 기쁨이요 소망이었습니다. 제자들에게 더 이상 두려움은 없었습니다. 죽음도 두렵지 않았습니다. 부활이 있기 때문입니다. 예수님의 부활을 확신한 제자들은 생명을 걸고 세계 곳곳으로 나가서 복음을 전하기 시작했습니다. 12명의 제자 중 10명은 순교했습니다. 그들은 순교하면서도 결코 슬퍼하지 않았습니다. 좌절하거나 원망하지 않았습니다. 부활의 아침이 있음을 알았기 때문입니다. 우리에게 부활을 주신 하나님께 찬양하고 부활이 있음을 알리는 복음의 증인이 되기를 원합니다.